서울대 수석은
이렇게 공부합니다

서울대 수석은 이렇게 공부합니다

공부해야 할
이유를 잃어버린 너에게

김태훈 지음

다산
에듀

서울대 수석은
정말 공부가
재미있어요?

안녕하세요. 김태훈입니다. 먼저 공부에 관심을 가지고 이 책을 펼친 모든 분께 격려와 감사의 박수를 보내고 싶어요.

공부가 참 쉽지 않죠? 공부라는 말만 꺼내도 한숨 소리가 들리는 것 같습니다. 저도 '언제 이 긴 시간 동안 책상에 앉아 책을 보고 수업을 듣나'라고 생각하며 하루 온종일 공부하던 시절이 있었죠. '나의 10대는 공부에 바쳤다'라고 말할 수 있을 만큼이니 여러분의 마음을 정말 잘 압니다.

우리 학생 여러분들에게 먼저 제 소개를 하자면, 저는 민족사관 고등학교 자연반을 수석으로 입학하고, 또 수석으로 졸업했어요.

이후 서울대학교에 입학하여 건축학과를 수석으로 졸업한 후 같은 서울대학교 대학원 석사를 최고 학점으로 마쳤답니다. 민사고 수석에 서울대 수석이라고 하니 왠지 하루 종일 공부만 했을 것 같지 않나요? 실제로 10대 때는 정말 많은 시간을 공부하는 데 쏟았고 20대에도 항상 무언가 새로 배우고 익히는 것에 초점을 두며 살았습니다. 심지어는 스스로 고3 시절보다 대학교 1학년 때 공부를 더 많이 했다는 생각이 들 정도였으니까요. 쉬는 시간에도 '이건 휴식일까 게으름일까? 둘을 잘 구분할 수 있으면 필요한 휴식을 잘 취할 수 있을 텐데'라고 생각하며 지낸 적도 있으니, 저도 어지간했습니다.

현재는 이렇게 글을 쓰는 작가이자 강연을 하는 강사, 스타트업 파라스타의 대표면서 교육 사업 공부자존감(personalitytest.co.kr)을 경영하는 선생님이기도 합니다. 다양하고 많은 일을 경험하면서도 항상 저는 공부와 학습에 관심을 두었던 것 같아요. 저보다 훨씬 공부를 많이 하신 수많은 석학분들에 비하면 여전히 부족한 점이 많지만, 그래도 학교를 다니면서부터 지금까지 공부라는 것을 끊임없이 고민하고 즐기며 지내왔답니다. 오늘은 학창시절을 공부라는 놈과 씨름하면서, 또 수석이라는 결실도 거두면서 발견한 저만의 공부 비밀을 여러분들과 나누려고 해요.

5년 전에 『공부자존감』이라는 책을 발간하고 많은 강연과 컨설팅, 상담을 통해 여러분들의 공부 고민을 들었습니다. 제가 만난 여러분들은 성적을 떠나 누구나 공부에 대한 질문과 고민을 가지고 있었어요. 이야기를 하다가 많이 속상했는지 울음을 터뜨리는 학생도 있었고, 고민이 해결되어 기쁜 마음에 깡충깡충 뛰어나가는 학생도 종종 보았답니다. 그러면서 조금씩 여러분들이 가지고 있는 공부에 대한 고민이 무엇인지 더 알게 되었고 많은 고민들에 답을 해주며 『공부자존감』을 재집필해 이 책으로 다시 만나게 되었어요.

　제가 가장 많이 들었던 질문은 뭐였을까요? 결국 '어떻게 하면 선생님처럼 공부를 잘해요?'였어요. 저의 공부 방법이나 공부에 대한 마음가짐, 시험을 보는 노하우 등에 대한 궁금증이 가장 많았죠. 그럼 제가 가장 많이 들었던 공부 고민은 뭐였을까요? 이 한 질문으로 압축됩니다. '선생님은 공부가 재미있어요? 정말 공부가 재미있으셨어요?'입니다. 여기에는 이런 마음이 담겨 있었죠. '저는 공부가 너무 힘들어요. 하기 싫고 억지로 하고는 있는데 잘 되지도 않고 안할 수도 없고 어떻게 해야 할지 모르겠어요. 아무도 이 고민에 대해 답을 주지 않아요. 이렇게 공부하면 나중에 좋은 결과가 나올까요?'

　저도 물론 공부에 대한 고민과 어려움이 많았죠. 보통 수험생과 마찬가지로 저의 고3 일 년도 상당히 힘든 시간이었습니다. 고3이 되면서 주변의 이야기들 때문인지 '앞으로 일 년은 그동안 즐겼던 많은 걸 잠시 내려놓고 대학에 가기 위해 필요한 공부에만 열중해야겠다'고 생각하고 공부에만 집중했어요. 이전에는 다양한 방식으로 공부 자체를 즐기며 하고 싶은 공부를 찾아 더 깊이 공부하곤 했는데, 대학이라는 목표에 필요한 것만 공부하려니 재미가 없어지고 능률도 떨어지더라고요. 이를 만회하려고 공부 시간을 늘리다 보니 스트레스는 더 쌓여갔죠. '대학을 위해 필요한 공부만 열심히 해야지'라고 생각하고 시작한 공부가 오히려 공부 효율을 떨어뜨렸어요.

힘든 시간이었지만 이때 가짜 공부와 진짜 공부의 비밀을 확실히 알게 되었어요. 그전부터 어렴풋이 느끼고는 있었지만 뭐라고 설명하기 어려웠던 가짜 공부와 진짜 공부의 차이를 정확히 알게 됐죠. 그리고 공부 시간에 '진짜 공부'를 얼마나 하느냐가 나의 실력과 성적에 결정적인 영향을 미친다는 사실도 깨달았습니다. '고3 이전까지는 진짜 공부로 채워왔지만 고3 때부터는 가짜 공부를 하느라 시간만 더 쓰고 실력이 늘지 않았구나'라고 깨닫게 되었죠.

간단하게 정리하면 진짜 공부와 가짜 공부를 가르는 두 개의 열쇠는 결국 '나는 공부가 무엇인지 정확히 알고 하고 있나?' 그리고 '나는 나를 위해서 공부하고 있나?'에 대한 답이었습니다. 누군가

서울대 수석은 정말 공부가 재미있어요?

자신에게 공부가 무엇인지 물어봤을 때 '공부란 이런 것이다'라고 이야기할 수 있고, 다른 사람이나 무엇이 아닌 지금의 나를 위해 공부하고 있는가에 대한 답을 알고 공부하고 있다면 제대로 공부하고 있는 것이고 실력은 반드시 오르게 되어 있었습니다. 이 질문에 대한 답이 없이 무턱대고 공부하고 있다면, 그것이 바로 시간만 많이 들고 실력이 늘지 않는 가짜 공부였던 것이죠. 심지어 가짜 공부를 할 때 스트레스를 훨씬 더 많이 받는다는 사실도 알게 되었어요. 공부가 힘들고 괴롭다고 말하는 많은 학생 여러분은 어쩌면 이 가짜 공부의 함정에 빠져 있겠다는 생각이 들었습니다.

지금의 나를 위해서 공부하는 게 아니라 부모님을 기쁘게 해드리거나 선생님에게 혼나지 않기 위해, 또 아직 잘 모르는 대학을 위해 공부만 한다는 건 정말 힘들잖아요. 그래서 제가 경험한 진짜 공부 이야기를 나누고 싶어 이 책을 썼습니다.

생각해보면 제가 민사고에 수석 입학 및 졸업하고 서울대와 동대학원을 수석 졸업한 건 모두 진짜 공부의 비밀을 깨달은 덕분이었습니다. 그리고 그보다 더 큰 것은, 이 진짜 공부를 통해 지금까지 제가 하고 싶은 것을 하면서 점점 실력을 키우고 더 재미있고 더 즐겁게 제 인생을 만들어나가고 있다는 점입니다.

지금부터 이 모든 경험이 가능했던 저의 공부 이야기를 들려드릴게요. 간단하지만 누구도 알려주지 않았던 진짜 공부의 원리 말이죠. 이 책을 읽다 보면 이제껏 들었던 공부와는 전혀 다른 공부 이야기를 많이 접하게 될 거예요. 무조건 열심히 책을 읽고 수업을 듣고 시험을 잘 보게 만드는 공부 이야기와는 다른 새로운 공부 이야기, 저를 서울대 수석으로 만들어준 그 이야기를 그럼 시작해보겠습니다.

김태훈

PART 3
공부 잘하는 머리가 되는 4가지 조건

생각이다 • 비슷한 경험은 비슷한 생각을 낳는다 • 혼자 공부하는 시간을 확보하자 • 남과 다른 점을 특별하게 생각하기

PART 4
많은 학생이 질문하는 공부 고민 TOP 10

서울대 수석은
이렇게 공부합니다

PART 1

공부의 비밀을
깨달은 날

1장

내가 하던 것이
공부가 아니었다니!

✦ 공부를 오해하고 있었다 ✦

이 책은 제가 20대였던 어느 날, 한 생각에서 시작되었습니다. 그날은 문득 이런 생각이 들었어요. '초등학교부터 중학교, 민사고를 거쳐 서울대에서도 수석을 하면서 나의 10대를 공부에 바쳤는데, 정말 잘 한 걸까? 공부가 아닌 다른 것들도 나에게 많은 도움이 되었을 텐데 나의 10대를 그토록 공부에 쏟은 것이 과연 잘한 일이었을까?'라고요.

잠시 시간을 들여 제 삶을 돌아봤습니다. '무엇에 영향을 받았으며 어떤 것이 내 삶에 정말 도움이 되었을까?'를 떠올려보니 여행,

동아리, 놀러 갔던 곳, 만화 그리던 밤, 태권도 대회에 나갔던 날, 학원 차에서 들었던 인기가요, 술래잡기하던 친구들 등 지금의 저를 만든 것은 공부뿐만 아니라 공부가 아닌 수많은 시간이었습니다. 그러고는 또 생각해봤습니다. '왜 그럴까? 실력을 키우고 훌륭한 사람이 되려고 공부를 그렇게 열심히 했는데 왜 공부가 아닌 다른 경험들이 나의 실력과 성장을 만든 걸까?'

그러다 번쩍! 그동안 제가 공부라는 것에 대해 큰 오해를 하고 있었다는 걸 깨달았어요. 공부란 당연히 책상에 앉아서 책을 읽고 수업을 듣는 것으로 생각했고, 그래서 공부가 아닌 시간들이 불안하거나 공부에만 쏟은 시간이 아깝게 느껴졌었는데 진짜 공부는 그게 아니었던 겁니다. 하루에 네 시간을 앉아서 공부했지만 실제로는 공부를 1분도 안 했을 수 있고, 밖에 나가 네 시간을 놀았지만 그 네 시간 전부가 공부였을 수도 있다는 걸 깨달은 거죠.

공부에 대한 풀리지 않던 고민과 제가 어떻게 민사고와 서울대 수석까지 할 수 있었는지 그 궁금증의 실마리가 잡히기 시작했습니다. 공부를 더 즐기고 잘하게 된 것은 물론이고요. 그때 깨달은 진짜 공부 이야기, 궁금하시죠? 실용음악을 전공하려던 한 학생과 나누었던 대화로 얘기를 시작해보겠습니다.

학생: 제가 요즘 공부를 너무 안 해요. 실용음악과는 실기가 중요

해서 연습은 열심히 하고 있는데, 공부는 너무 안 해서 걱정이에요. 노래 연습을 하다가도 공부 때문에 걱정되고요.

나: 실용음악과를 가려면 중요한 게 실기라면서? 그럼 실기 연습이 너한테는 공부야. 노래 부르는 게 공부지, 음악공부.

학생: 아, 그렇네요. 그럼 책 읽으면서 하는 공부 때문에 스트레스 받지 않고 노래 연습해도 되겠네요?

이 학생은 다른 친구들처럼 '공부란 책상에 앉아 책 보고 수업 듣는 것'으로 생각했기 때문에 즐겁게 노래를 부르며 연습하는 것에 은근한 죄책감을 갖고 있었습니다. 가수를 직업으로 삼으려는 이 친구에게 노래 연습은 마치 판사가 되고 싶은 학생의 법률 공부 같은 것이었는데, 음악 공부를 열심히 잘하고 있었음에도 본인은 공부하지 않는다며 스트레스를 받고 있었던 거죠. 책을 읽거나 수업을 듣지 않으면 공부하는 것이 아니라고 생각했기 때문입니다.

우리도 평소 누군가에게 "어제 공부 많이 했어?"라는 물음을 받으면 보통 다음과 같이 대답하죠.

"응, 나 어제 네 시간이나 공부했어."

"응, 나 어제 책 한 권 다 읽었어."

"아니, 나 어제 문제집 10장밖에 못 풀었어."

우리는 보통 공부를 이야기할 때 몇 시간, 몇 장, 몇 권같이 책과 수업의 양으로 묻고 답합니다. 그걸 공부라고 생각하기 때문이에요. 그리고 바로 이 부분이 공부에 대한 가장 큰 오해이며 우리 모두가 공부를 괴롭게 생각하게 되는 결정적인 지점입니다. 공부는 결코 책과 수업이 아니에요. 공부를 책과 수업이라 생각하는 순간 공부를 잘못 이해하기 시작하며 공부를 잘못 이해했으니 공부가 무엇인지를 모르고 당연히 공부를 잘할 수도 없게 됩니다.

공부를 잘하기 위해서는 먼저 우리가 매일 열심히 하는 '공부'가 대체 무엇인지 아는 것이 첫째입니다. 성적을 잘 받고 싶지만 내가 하고 있는 것이 공부인지 아닌지에 대한 확신이 없으면 공부에 집중하기 어렵죠. 무슨 공부를 왜 어떻게 해야 하는지에 대한 답이 없으면 매일 해야 하는 공부가 참으로 힘들어지고요. '문제집 한 장 더 풀면 그게 공부지 별거 있겠어?'라고 생각하고 넘어가기도 하지만 그렇게 두루뭉술하게 생각하고 넘어가기에는 우리가 너무 많은 시간을 공부에 쏟고 있습니다. 그럼 공부란 대체 무엇일까요?

• 진짜 공부는 바로 이 두 가지 •

공부라고 하면 먼저 책이나 인터넷 강의가 생각나고, 학교나 학원 수업을 떠올리는 친구가 많죠. 우리가 오랜 시간 책을 보고, 더

지금까지의 공부 = 책을 보는 것 + 수업을 듣는 것

∴ 공부 = 책상 앞에 앉아 있는 시간의 총합

많은 학원에서 수업을 들으면 부모님이나 선생님이 공부 열심히 한다고 좋아하시죠? 반대로 국영수과처럼 책으로 공부할 수 있는 과목 외에 음악이나 미술, 체육 등에 시간을 많이 쏟으면 '얘가 왜 이렇게 공부를 안 할까' 하며 걱정하시기도 하고요. 우리 역시 오래 놀고 싶은 마음은 굴뚝같지만 노래방에 가거나 농구를 하는 건 공부가 아니기 때문에 얼른 마치고 공부하러 가야겠다는 생각을 가지고 있죠.

그렇다면 진짜 공부란 무엇일까요? 답은 의외로 쉬운 곳에 있습니다. 단어의 의미를 잘 모르겠다면 사전을 찾아보면 됩니다. 사전은 수많은 학자가 고민에 고민을 거듭해서 집필한 것이기 때문에 엄청난 통찰이 담겨 있답니다. 공부의 정의도 국어사전을 찾아보면 너무나 간단하고 명쾌하게 나옵니다. 바로 공부는 '학문과 기술을 배우고 익힘'이라고 나와요. 학문과 기술은 목적이니까 차치하고 중요한 건 '배우고 익힘'입니다.

'배운다, 익힌다'라는 이 두 개를 실천하면 공부한 거고 그렇지 않

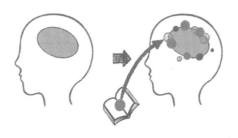

배움이란, 몰랐던 것을 새로 알게 되는 것입니다.

으면 공부하지 않은 겁니다. 그리고 이 두 차이를 정확히 알면 공부를 아는 거고 이거 두 개를 다 해야 공부를 잘하게 됩니다. 제가 방금 아무도 알려주지 않았던 공부의 엄청난 비밀을 이야기했는데 너무 간단해서 당연한 것처럼 느껴지죠? 하지만 과연 그럴까요. 다음을 한번 읽어봅시다. 먼저, 배움과 익힘이란 무엇일까요?

먼저, 배움이란 몰랐던 것을 새로 알게 되는 것입니다. 예를 들어 볼게요. Desk라는 단어를 몰랐다가 영어 수업을 통해 Desk가 '책상'이라는 것을 알게 되었다면? 몰랐던 것을 알게 되었죠? 이것이 바로 배움입니다. 엄청 쉽죠. 역사 시간에 조선 건국이 1392년이었다는 걸 새로 알았다면? 몰랐던 걸 알았으니 배운 겁니다. 그렇다면 요리를 하다가 후추를 넣었더니 더 맛있어졌다는 것을 알았다면? 이것도 배운 거예요. 요리하면서 공부를 한 겁니다. 몰랐던 것을 새로 알았다면 그 모든 것은 배움이고, 그때 우리는 공부를 한 겁니다.

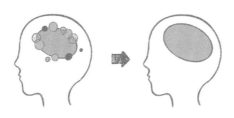

익힘이란, 이해하여 내 것으로 만드는 것입니다.

그럼 익힌다는 것은 무엇일까요?

익힘이란, 이해하여 내 것으로 만드는 것입니다. 예를 들어볼게요. 아까 영어 시간에 Desk가 책상이라는 것을 배웠습니다. 그런데 막상 영어로 말을 하려고 보니, Desk와 Table과 Bar가 헷갈리는 거예요. 이 탁자를 Desk라고 해야 할지, Table이라고 해야 할지 잘 모르겠는 거죠. 그럼 아직 완전히 이해하여 내 것이 되지 않은 상태입니다. 아직 익히지 못한 상태죠. 이 상태를 '암기했다'라고 해요. 그러다가 '아, 이 탁자는 Table이라고 하고 이 책상은 Desk라고 하고 이 높은 탁자는 Bar라고 하는구나. 그럼 지금은 Desk라고 하는 게 맞겠다'라고 이해하고 활용할 수 있게 되면 그때부터는 절대 잊어버리지도 않고 완전히 내 것이 됩니다. 언제든지 배운 것을 응용하고 활용할 수 있게 된다면 익힌 것이 되는 거예요.

암기와 이해가 조금 헷갈릴 수 있어요. 간단하게 구분할 수 있는 방법이 있는데, 내가 누군가에게 설명해줄 수 있으면 이해가 된 것이고, 설명하다가 막히거나 헷갈리면 아직 이해한 것은 아니고 암기한 수준이라고 보면 됩니다. 예를 들어 친구가 '이 탁자는 Desk라고 해야 돼? Table이라고 해야 돼?'라고 물어봤을 때 바로 답해줄 수 있고 그 이유를 설명할 수 있으면 충분히 익히고 이해한 상태라고 할 수 있죠. 그런데 나도 헷갈린다면 아직 단어를 단순히 암기만 한 상태라고 보면 됩니다.

· 24시간 공부하는 방법을 찾다 ·

몰랐던 것을 알게 되고(=배움) 그것을 내 것으로 만들어 활용할 수 있게(=익힘) 되면 그것이 바로 공부입니다. 그럼 지금 하고 있는 것이 공부인지 아닌지 예를 들어 생각해볼까요? 책상에 앉아 네 시

공부 = '배움 + 익힘' 의 총합

∴ 공부 = 나는 무엇을 새로 알았고,
이해하여 내 것으로 만들었나?

간 동안 교과서를 읽었습니다. 공부를 제대로 한 걸까요? 네 시간이나 교과서를 봤으니 공부를 많이 했다고 생각할 수 있어요. 지금까지의 공부 기준인 '공부 = 책을 보는 것 + 수업을 듣는 것'에 대입하면 진득하게 앉아 몇 시간이나 책을 읽었으니까요.

하지만 방금 새로 알려드린 진짜 공부의 기준인 '배운 것 + 익힌 것'을 적용하면 어떻게 될까요? 단지 네 시간 동안 책을 읽은 것만으로는 무엇을 배웠고 익혔는지 알 수 없습니다. '네 시간 동안 책을 읽어서 몰랐던 것을 얼마나 새로 알게 되었지?', '그걸 얼마나 이해하고 활용할 수 있게 되었지?'로 공부 질문과 판단 기준이 바뀌기 때문입니다. 네 시간 동안 교과서를 읽었지만 자꾸 다른 생각을 하느라 무엇을 읽었는지 기억나지 않는다면, 새롭게 알게 된 것이 없기 때문에 공부를 제대로 하지 않았다고 할 수 있습니다. 혹은 내용이 너무 어렵고 이해되지 않아 그냥 글자만 쳐다보고 있었다면, 내 것으로 익힌 것이 없기 때문에 공부를 하지 않은 것이죠.

그럼에도 오랫동안 책상에 앉아 있었다는 이유만으로 칭찬받은 적이 있죠. 칭찬을 듣고 '내가 공부를 잘하고 있구나'라고 생각해서 실제로 얼마나 배우고 익혔는가보다는 오래 앉아 있었다는 사실에 기분이 좋았던 경우도 많을 겁니다. '오늘은 네 시간이나 공부했어'라고 뿌듯해하는 것은 좋지만, 그 전에 '그래서 그 시간 동안 무엇을 얼마나 배우고 익혔지?'라는 진짜 공부의 의미를 놓치면 안 되죠. 이 부분이 바로 공부를 잘하고 못하고를 결정하고 공부가 시간 싸움이 될지 나의 발전을 위한 즐거움이 될지가 결정되는 지점이기 때문입니다.

이렇게 공부의 기준이 바뀌면 심지어 웹툰도 공부가 됩니다. 바로 제가 그걸 경험했죠. 웹툰은 보통 그림들을 세로로 널찍널찍하게 배치하는데요, 그래야 핸드폰 화면을 위로 획획 넘기면서 보기가 좋습니다. 저는 온라인에 글을 많이 쓰는데 이 웹툰을 보면서 공부를 많이 했어요. 빠르게 화면을 올리면서도 글이 눈에 잘 들어오게끔 글씨는 크고 문단은 짧게 중간중간 이미지 많이 넣고 컬러 제목을 많이 쓰는 식으로 제 글 스타일을 바꿨죠. 결과적으로 더 많은 분이 제 글을 끝까지 읽어주시더라고요. 이처럼 심지어는 웹툰을 보면서도 무언가 배우고 익힌다면 당당하게 '나 지금 공부하는 중이야'라고 말할 수 있습니다.

공부는 이런 것입니다. 공부의 개념을 이런 식으로 생각한다면, 눈 뜨고 깨어 있는 시간의 전부를 공부에 활용하는 것도 가능합니다. 하루 종일 책만 펴놓고 앉아 있는 게 아니라 거리를 걸으며 주변 건물을 보다가, 학원에서 수업을 듣다가, 친구와 수다를 떨다가, 집으로 돌아가는 길에 떡볶이를 사먹다가 그 속에서 새로운 것을 배우고 익힌다면 이 모든 시간은 공부가 됩니다. 그렇게 나도 모르는 사이에 하루하루 쌓인 공부는 나중에 큰 힘이 되어 돌아옵니다. 이것이 바로 모든 순간을 공부로 만드는 진짜 공부의 원리입니다.

저는 이렇게 진짜 공부의 원리를 깨닫고 나서 하루 종일, 잠을 자다가 꿈을 꾸면서까지 모든 시간을 공부로 만들기 위해 노력했던 기억이 납니다. 그리고 이러한 생각을 알게 모르게 초등학교 때부터 계속해왔다는 사실도 알게 되었죠. 놀랍게도 공부를 잘하는 학생들은 이러한 사고방식을 무의식적으로 지니고 있다는 사실도 발견했습니다. 그 친구들은 눈에 보이는 시간에만 공부를 하는 것이 아닙니다. 그냥 길을 걷는 순간에도 무언가 몰랐던 것을 알게 되며 공부하고 있죠. 공부가 무엇인지 정확히 아는 것이 대단한 이유는 바로 이렇게 '우리의 24시간 모든 순간을 공부로 만들 수' 있기 때문입니다.

✦ 두 가지 질문만으로 학습이 되다 ✦

그럼 제가 공부를 잘하게 되는 마법 같은 질문을 알려드릴게요. 이 두 가지 질문을 스스로에게 꾸준히 하면 반드시 공부를 더 잘하게 됩니다. 그동안 보통 공부에 대해 물어볼 때 어떻게 질문했나요? 스스로에게든 친구들에게든, 어제 몇 시간 동안 공부했나? 수업 몇 시간 들었나? 문제집 몇 장 풀고, 책 몇 장 봤나? 이렇게 질문하잖아

지금 뭘 새로 알게 되었지? (배움)

그걸 나라면 어디에 어떻게 활용할 수 있을까? (익힘)

요? 그런데 이건 잘못된 공부 질문입니다. 앞으로는 이렇게 바꿔보세요.

그럼 한번 연습해봅시다. 지금 제 책을 그래도 10분 이상 읽었을 텐데요, 위 질문을 스스로에게 해보세요. 이 책을 읽으며 난 방금 몰랐던 무엇을 새로 알게 되었을까? 그리고 그걸 어디에 어떻게 활용해볼 수 있을까? 여기에 더해서 내 성적을 더 좋게 만들기 위해 어떻게 활용할 수 있을까? 수행평가를 더 잘하기 위해 활용할 수 있는 방법이 있을까? 내 취미를 더 재미있게 잘하기 위해 활용한다면 어떻게 할 수 있을까? 시험 공부를 할 때 활용할 수는 없을까? 이렇게 질문하는 순간 우리 머리는 진짜 공부를 위한 방식으로 돌아가기 시작합니다. 지금까지라면 '책을 몇 쪽 읽었네, 몇 분 동안 앉아서 이 책을 봤네'라고 생각할 것을 완전히 다른 진짜 공부를 잘하게 되는 방식으로 머리를 쓰기 시작하는 거예요. 혹시 '공부머리'라는 말을 들어보았나요? 그 공부머리가 바로 이 질문을 스스로 하고 답을 얻으려는 사고방식이랍니다. 이러한 생각이 공부머리의 시작이에요.

이 질문과 답을 내는 공부머리가 익숙해지고 습관이 된 것이 '학습'입니다. 매일 두 시간 동안 책상 앞에 잘 앉아 있는 게 학습이 아니라 이 배우고 익히는 생각이 습관으로 몸에 배인 것, 이게 학습이에요. 보통 학습 습관을 들인다고 하루에 시간을 정해놓고 앉아 있는 연습을 많이 하잖아요? 사실 학습이란 건 그런 것이 아니라 이렇게 언제 어디서든 그 경험 속에서 배우고 익히는 습관을 들이는 것입니다. 그러면 책상에 오래 앉아 있는 것보다 훨씬 더 길고 많은 시간과 경험을 공부로 만들 수 있어요.

실제로 공부를 잘하는 친구들은 알게 모르게 이미 이런 습관을 지니고 있습니다. 이 학습 습관이 배어 있는 상태에서 책을 읽고 수업을 듣는다고 생각해보세요. 그 시간 동안 얼마나 많은 것을 배우고 자기 것으로 이해할 수 있을까요? 가끔 수업 시간에 집중을 잘해서 예습·복습이 필요 없는 친구들이 있잖아요? 그 친구들이 바로 이 진짜 학습관이 잘 들어 있는 친구들이랍니다. 수업 시간 족족 배우고 익히고 있으니 나중에 예습과 복습이 크게 필요 없게 되죠.

그럼 문득 이런 생각이 들 거예요. 우리는 왜 공부를 책과 수업이라고 오해했을까요? 책과 수업은 실제로 공부에 매우 도움되는 방법이기 때문이에요. 책과 수업은 새로운 것을 배우고 익히는 과정을 아주 밀도 있고 효과적으로 할 수 있는 도구입니다. 교과서를 포함한 책 한 권에는 저자들의 지식과 노력이 고스란히 담겨 있어 이를 읽는 것만으로도 여러분은 짧은 시간에 많은 지식을 습득할 수 있죠. 또 전문 지식을 갖추신 선생님의 수업을 듣는 것만으로도 몰랐던 많은 것을 알게 되기 때문에 책과 수업은 공부에 아주 좋은 방법이 되는 겁니다.

다만, 이것을 공부 자체라 생각해 무작정 더 오래하기 경쟁을 하거나, 선생님이나 부모님의 눈치를 보느라 책상에 오래 앉아 있는 연습만 한다면 오히려 공부의 본질과 멀어지고 공부가 지겨워져요. 공부를 '책 보고 수업 듣는 것'이 아니라 언제 어디서든 '무언가를 새로 알고 내 것으로 익히는 것'이라고 생각한다면, 공부라는 단어를 들어도 이전만큼 괴롭거나 부담스럽지 않게 되고요. 이제 진짜 공부가 무엇인지 이해가 됐죠? 공부는 뭐다? 배우고 익히는 것이다. 그리고 이 생각이 공부를 잘하는 머리를 만들고 제가 민사고와 서울대 수석까지 하게 된 발판이 된 것입니다.

2장

공부 스트레스를
마주하다

✦ 중요한 건 공부 시간이 아니었다 ✦

이번엔 여러분들의 공부 고민 중 가장 많은 부분을 차지하는 공부 스트레스에 대해 이야기해볼게요. 공부에 대한 개념을 바꾸면 얻게 되는 최고의 장점 중 하나가 바로 공부 스트레스가 크게 줄어든다는 점입니다. 공부 스트레스의 원인 중 두 개를 꼽으라면, 하나는 공부는 오래 시간을 들여야 한다는 데서 오는 스트레스이고, 다른 하나는 시험을 보고 받아 드는 등수 때문일 거예요. 그럼 왜 공부의 개념을 배우고 익히는 것으로 바꾸면 스트레스까지 줄어드는지 한번 설명해볼게요.

우리는 보통 공부를 잘하고 있는지 판단할 때 남들과의 비교를 기준으로 합니다. 책상에 앉아 있는 시간을 기준으로 하면 친구랑 비교해서 내가 얼마나 공부를 많이 했는지 판단하게 되고, 시험 성적을 기준으로 삼으면 상대평가나 등수를 통해 나의 공부를 판단하게 되죠. 한 시간보다 두 시간이 더 열심히 한 거고, 20등보다 10등이 더 잘한 것이고요. 그래서 시간 경쟁이나 등수 경쟁이 벌어지게 됩니다. 공부의 스트레스 중 많은 부분이 이 공부 시간과 등수 경쟁에서 오는 것은 두말할 나위가 없죠.

그런데 여러분, 이거 하나 알려드릴게요. 이렇게 공부 시간에 초점을 맞추다 보니 여러분들의 공부 시간은 세계에서 가장 길다는 사실. 여러분들이 전 세계에서 가장 공부를 오랫동안 하고 있답니다. 그리고 학업 성취도가 세계 최상위권일 정도로 여러분들은 국제적으로 공부를 잘하고 있답니다. 과목별로 평균 세계 1위를 하는 경우도 볼 수 있어요. 우리는 세계 다른 나라 학생들에 비해 평균적으로 공부를 매우 잘, 매우 많이 하고 있답니다. 대단하죠?

문제는 '학습효율화지수'라는 것인데, 이것은 공부 시간에 비해 학습능력이 얼마나 좋은가를 판단하는 수치입니다. 우리나라 학생들은 이 부분에서만큼은 세계 중위권에 머물고 있고 OECD 평균에도 미치지 못합니다. 다른 말로 하면 우리는 공부도 잘하고 오래하는데, 공부를 그렇게나 오래한 만큼의 학습능력은 나오지 않는다

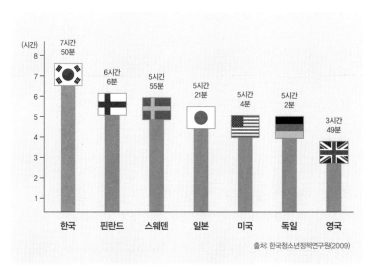

OECD 청소년 공부 시간 비교

(시간)

한국	핀란드	스웨덴	일본	미국	독일	영국
7시간 50분	6시간 6분	5시간 55분	5시간 21분	5시간 4분	5시간 2분	3시간 49분

출처: 한국청소년정책연구원(2009)

OECD 국가 중 우리나라 청소년의 공부 시간이 압도적으로 많습니다.

는 거죠. 긴 시간에만 의존하며 진짜 공부를 하기보다는 오래 앉아 있는 것 자체에 자꾸 초점을 맞춘 결과입니다. 그러다 보니 "하루 종일 공부만 하는 우리는 불행해", "우리는 한국 교육 제도의 희생양이야"와 같은 생각이 들기도 하죠.

제가 고3일 때 민사고에서는 고3에게만 적용되는 시간표가 있었는데요, 그중 하나가 일요일 자습시간이었습니다. 고2까지는 일요일 시간이 완전히 자유여서 잠을 자든 밥을 먹든 놀든 아무도 그 시간에 대해서는 간섭하지 않았고, 저는 일요일에는 낮이나 오후까지

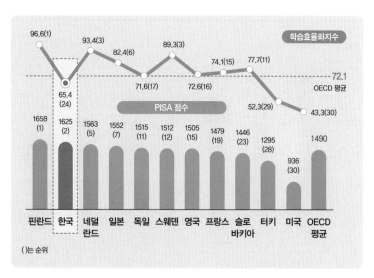

OECD 30개국 중 주요 국가 PISA 점수 및 학습효율화지수(단위: 점)

학습효율화지수

96.6(1) 93.4(3) 82.4(6) 89.3(3) 74.1(15) 77.7(11)
65.4(24) 71.6(17) 72.6(16) 52.3(29) 43.3(30)
72.1 OECD 평균

PISA 점수

1658(1) 1625(2) 1563(5) 1552(7) 1515(11) 1512(12) 1505(15) 1479(19) 1446(23) 1295(28) 936(30) 1490

핀란드 한국 네덜란드 일본 독일 스웨덴 영국 프랑스 슬로바키아 터키 미국 OECD 평균

( )는 순위

국제 학업 성취도는 세계 2위인데 학습효율화지수는 24위입니다. 이 차이를 많은 공부 시간으로 메우고 있는 겁니다.

자는 경우가 많았습니다. 일주간의 피로를 일요일 수면으로 채웠어요. 그러다 고3이 되었는데 일요일에도 오전부터 자습시간이 생긴 겁니다. 세상에! 컨디션이 틀어지기 시작하고 저는 주말까지 그렇게 모든 시간을 공부할 수가 없었습니다. 공부 효율이 떨어지는 건 당연하고 주중 일정까지 영향을 미치게 되는 거예요.

결국 저는 '이건 내 컨디션상 절대로 안 되겠다'라는 생각이 들어 일요일 오전 자습실에 가서 출석 체크만 하고 다시 기숙사 방에 가서 잤어요. 물론 몇 번 걸린 적도 있는데 그래도 계속 가서 잤어요.

그 일요일에 몇 시간 공부 시간을 늘리는 게 중요한 게 아니라 그 시간 때문에 스스로 공부를 이끌어왔던 힘이 빠지니 그것이 정말 문제라고 판단했거든요. 이 공부 시간을 늘리는 건 제게 아무런 의미도 없을 뿐 아니라 오히려 악영향을 미치고 있다고 판단해서 나중에 선생님께 진지하게 말씀을 드렸고 어느 정도 자습시간이 자율로 바뀌게 되었습니다.

저는 공부를 더 많이, 더 오래 하라고 말하는 것이 절대 아닙니다. 오히려 많은 학생이 너무 오랜 시간 책상에 앉아 공부하는 게 문제라고 생각해요. 기왕 그렇게 오래 앉아 있을 거면 그 시간 동안 '배우고 익히는' 진짜 공부를 해야 실력이 올라갑니다. 그냥 앉아서 시간을 보내고만 있으면 스트레스만 받고 실제로 공부는 하나도 안 하게 되거든요. 앞의 통계 결과가 그런 시간이 너무 많다는 것을 보여주는 것이기도 하고요.

공부 시간에 대한 강박을 버리면 아이러니하게도 그때부터 진짜 공부가 시작됩니다. '오늘은 꼭 두 시간을 채워야지'라고 생각하는 것이 아니라, '오늘은 꼭 한 시간이라도 배우고 익히는 시간으로 전부 써야지'라고 생각을 바꾸는 거죠. 우리는 세계적인 통계가 말해주듯 이미 전 세계에서 가장 오랜 시간 공부를 하고 있답니다. 그래서 중요한 것은 공부 시간이 아니라 공부 효율인 거죠. 효율이란 건, 전체 공부 시간 대비 실제로 배우고 익힌 시간을 말하고요.

공부 잘하는 친구들 중에 의외로 공부 시간이 그렇게 길어 보이지 않는 친구가 많지 않나요? 반대로 공부는 굉장히 오래하는 것 같은데 성적이 정말 안 오르는 친구들도 있고요. 공부 시간은 중요하지만 그보다 중요한 것은 그 시간에 많은 것을 배우고 익히는 효율입니다. 이 배우고 익히는 것이 습관이 된 후에 그때 공부 시간을 늘리는 것이 공부 최상위권으로 가는 비법입니다. 지금 공부 시간에 대한 강박과 스트레스를 내려놓고, 배우고 익힌다는 생각에 초점을 맞춰보세요. 시간에 대한 스트레스가 확 날라갑니다.

◆ 시험 등수의 함정에서 벗어나기 ◆

공부에 대한 개념이 달라지면 시험도 개념이 달라진답니다. 등수에 대한 스트레스는 물론이고요. 저도 어렸을 때 시험에 대한 스트레스가 굉장했는데 성적이 나름 좋은 편이다 보니 하나라도 틀리면 안 된다는 생각이 강해서 스스로를 괴롭히는 경우가 많았습니다. 심지어 스트레스 때문인지 시험을 보다가 위경련이 나서 양호실에 간 일도 있었죠. 그러다가 시험에 대한 부담이 크게 줄어든 계기가 있었는데 그것은 공부에 대한 개념을 바꾸고나서였어요.

초등학교 때 글짓기 학원을 다닌 적이 있었는데, 지금 생각해보면 정말 엄청난 학원이었어요. 초등학교 2학년부터 6학년까지 다닌 이 학원에서 배운 국어로 나중에 대입 수능 언어영역을 봤다고 해도 과언이 아닙니다. 초등학교 저학년 때부터 백 개가 넘는 시조를 외웠고, 또 매주 신문 사설을 스크랩해 요약정리했으며 위인전과 세계 명작 문학을 읽었습니다. 4학년부터는 한국 근대 단편 소설을, 5학년부터는 펄벅의 『대지』나 괴테의 『파우스트』 등 중장편 소설을, 6학년 때는 논픽션과 사회과학 저서를 읽고 글짓기를 했던 기억이 있습니다. 연말에 수능 문제가 신문에 공개되면 고전문학을 제외한 수능 언어영역 문제들을 친구들과 둘러 앉아 같이 풀기도 했죠.

고난도 수준의 학원이다 보니 학원 선생님이나 부모님은 학교에서 국어 시험을 보면 당연히 다 정답을 맞힐 거라 생각하셨어요. 그래서 중간고사, 기말고사에서 틀린 문제 수만큼 학원에서 손바닥을 맞기로 했죠. 물론 강도는 살짝 정신을 차리도록 하는 정도였습니다. 그러던 초등학교 6학년 어느 시험에서 저와 다른 친구 3명은 전 과목에서 2~3개를 틀렸지만 국어는 다 맞았고, 한 친구는 전 과목에서 딱 한 문제를 틀렸는데 하필 국어에서 틀리는 일이 벌어졌습니다. 전체 등수로 따지면 저와 다른 친구들이 더 낮았지만 선생님은 그래도 약속한 것이라며 그 친구만 한 대를 때리셨죠. 전교 1등을 하고도 손바닥을 맞았다는 사실이 못내 억울했는지 친구는 울음을 터뜨렸죠. 친구의 울음에, 또 선생님의 행동이 워낙 인상적이었던 탓에 아직도 제게는 생생한 기억으로 남아 있습니다.

이때부터 시험의 등수와 점수라는 개념을 분리해서 생각하기 시작했던 것 같아요. 그 전까지는 점수보다는 몇 등 했는지를 따지는 등수를 더 중요하게 생각했지만 이때부터는 등수보다 '내가 공부했어야 하는 시험 범위를 얼마나 완전히 공부했는지를 평가하는' 점수를 더 중요하게 생각하기 시작했습니다. 그리고 그 판단의 기준은 남들과의 비교가 아니라 내 안에서 찾기 시작했던 것 같아요. '이번 시험에서 이만큼을 공부했어야 하는데 나는 실제로 얼마나 공부했는가?'라는 질문의 답이 나의 점수였던 거죠.

이것은 작지만 큰 변화였습니다. 등수라는 것은 항상 비교를 동반합니다. 내 점수가 아무리 좋든, 아무리 안 좋든, 비교를 통해서 나의 위치를 파악하게 돼요. 그래서 99점을 맞아도 백점 맞은 친구들이 있으면 나는 상대적으로 그 친구들보다 잘 못한다고 생각하게 됩니다. 반대로 50점 맞았는데 내가 제일 시험을 잘 본 거면, 무려 50%나 모르고 있지만 난 잘했다고 오해하게 되는 거죠.

이와 비슷한 사건이 하나 더 있었습니다. 초등학교 때 잠시 다녔던 수학학원에서 치른 모의고사에서 70점을 받아 1등을 한 적이 있습니다. 저는 1등임에 만족했는데 오히려 어머니께서는 그 학원을 그만두게 하셨지요. 그때 저는 반에서 1등이니까 내가 잘하고 있다

전체에서 내 위치, 등수를 생각하는 것이 아니라 내가 얼마나 성장했는지,
나의 발전을 스스로 확인하는 것이 바로 시험의 진짜 의미입니다.

고 생각했지만 정작 중요한 것은 그 시험에 필요한 공부를 완벽하
게 준비하는 데는 30%나 부족하다는 사실이었던 거죠.

내 실력의 척도를 등수가 아니라 점수로 생각하면 남과는 상관없
이 판단의 기준이 내가 됩니다. 내가 나의 공부 과정을 돌이켜 보면
서 결과를 스스로 판단하는 거죠. 이번에 시험에서 80점을 받았다
면, '이번에는 내가 했어야 하는 공부의 80%에 그쳤나 보다. 더 많
이 잘하게 되면 좋겠다'라고 생각하는 방식입니다. 여기에는 등수
도, 백분율도, 점수도, 또 성적이 떨어지면 엄마한테 혼날텐데 같은
걱정도 없어요. 만족과 평가에 대한 판단은 완전히 나의 것이 됩니
다. 60점을 받다가 70점을 받았으면 '이번엔 10%만큼 더 알게 되었
구나.' 지금의 나를 중심으로 얼마나 발전했는지를 스스로 판단하

는 것이 바로 시험의 정의이자 본질입니다.

공부의 정의가 배움과 익힘이 되면, 등수나 백분율보다 나 자신의 진짜 실력에 더 초점을 맞추며 시험을 대하게 됩니다. 이제는 시험 성적에 대한 걱정을 조금 내려놓고, '내가 이번에 완성했어야 하는 공부 중에 얼마나 해냈는지 한번 확인해보자'라는 마음가짐으로 문제를 풀어보세요. 시험은 내가 나를 확인하기 위해 보는 겁니다. 등수 비교때문에 또, 다른 사람을 위해서 하는 헛공부 때문에 내가 나를 위해 하는 진짜 공부와 시험을 희생하지 마세요.

◆ 전교 1등을 빼앗기다 ◆

중학교 1학년 때, 성적이 평균 90점대 초반으로 반에서 3~4등 정도를 차지하던 친구가 있었어요. 그러다가 2학년부터 급격하게 성적이 오르더니 2학년 1학기 기말고사에서 전교 1등을 하더군요. 그때 제가 1점 차이로 전교 2등을 해서 기억이 나요. 그 당시 전교 1등이 보통 평균 97점대에서 나왔는데, 90점대 초반에서 97점대로 올라가려면 공부의 밀도와 시간을 적어도 두 배 이상 늘려야 했을 겁니다. 무언가 큰 변화가 있지 않으면 이루기 참 어려운 일이라 비결이 궁금하던 차에 한 아이가 그 친구의 집에 놀러 갔다가 이유를 발

공부의 양과 성적의 지수 함수 관계

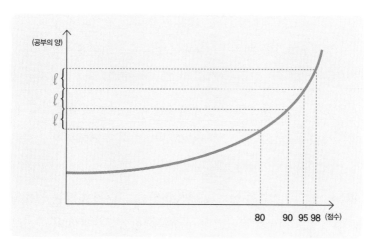

90점대 초반에서 후반으로 올리려면 공부의 양을 두 배 이상 늘려야 합니다.

견하고는 제게 귀띔해 주었습니다.

그 비결은 의외로 간단했습니다. 책상 앞에 '김○○, 최○○, 박○
○을 이기자!'라고 쓰여 있었다고 하더군요. 여기서 '김○○'은 바
로 제 이름이었죠. 그 친구는 '공부의 목적과 이유를 전교 1등들을
이기자'라고 정한 것이었습니다. 그리고 그 다짐을 책상 앞에 써 붙
이고 매일 보면서 더 치열하게 공부했고, 그 결과 그 친구는 중학교
3학년 졸업 때까지 전교 순위권을 쭉 유지했습니다.

그런데 이야기는 여기서 끝이 아닙니다. 놀라운 건 그 친구가 고
등학생 때 등수가 크게 떨어졌다는 건데요, 친구들을 통해 전해들

은 바로는 고등학교 내내 중위권에 머무르다 공부로 더 두각을 나타내지는 못했다고 하더군요. 또 한 번 놀랐죠. 중학교 때 전교 1등까지 치고올라갔던 친구가 고등학교에 가서 중위권에 머물렀다는 건, 그 친구에게 공부의 목적과 이유가 불분명해졌기 때문이라는 생각이 들었습니다. 능력은 충분하지만 그 능력을 발휘해야 할 동기가 사라졌달까요. 김○○, 최○○, 박○○이 주변에서 없어지면서 공부의 목적도 함께 사라졌던 걸까요.

　물론 그것이 전부는 아니겠지만 이 일화는 '공부를 하는 이유와 목적'이 공부 결과에 얼마나 중요한 영향을 미치는지를 깨닫게 해주었습니다. 공부의 목적을 정확히 세우는 것은 목표를 향해 매진하는 데 도움이 되지만 그 목적을 남이 아니라 나를 중심으로 세워야 끝까지 힘을 잃지 않는다는 점도 알게 되었죠.

3장

공부자존감이라는
열매를 얻다

◆ 지금 그 공부 왜 하나요? ◆

―――

"지금 공부를 왜 하나요?"

"공부하는 목적은 무엇인가요?"

"무엇이 여러분을 공부하게 만드나요?"

이에 대한 대답으로 가장 흔하게 들을 수 있는 말은 '좋은 대학 가려고요'인 것 같아요. 공부를 소홀히 하면 "너 대학 안 갈 거니?", "서울에 있는 대학은 가야지", "요즘 좋은 대학 못 나오면 취업도 못 해"라는 엄포가 여기저기서 들립니다. 상황이 이러하니 자연스럽게 학생 여러분도 공부의 목적을 좋은 대학에 둘 수밖에 없게 되죠.

그럼 다시 한번, "왜 좋은 대학에 가려고 하나요?"라고 질문해볼 게요. 아마도 "좋은 데 취직하려고요"라고 대답하는 사람이 많을 겁니다. "왜 좋은 직장에 취업하려고 하나요?"라고 물으면 "좋은 직장에 들어가야 돈도 많이 벌고 행복하게 살 수 있잖아요" 하고 대답하겠죠. 궁극적으로 행복하게 잘 살기 위해서 공부와 대학, 직장이라는 과정을 거친다고 생각하는 겁니다. 어찌 보면 너무 당연하다고 생각되지만, 요즘 다음과 같은 소식을 TV나 인터넷에서 자주 접하지는 않나요? 청년 실업률이 사상 최고인 요즘, 서울 명문대를 졸업해도 절반이 취업에 어려움을 겪고 있다고 합니다.

한국경제

서울대 경제학부 졸업해도… 현실은 '3년째 취준생'

출차: 한국경제신문

위에서 이야기한 것을 정리하면 아래와 같습니다. 한 단계씩 짚어볼까요?

① 공부를 열심히 하면 공부를 잘한다?

② 공부를 잘하면 좋은 대학에 들어간다?

③ 좋은 대학에 들어가면 좋은 직장에 간다?

④ 좋은 직장에 가면 풍족하고 행복한 삶을 산다?

먼저 첫 번째 논리인 '공부를 열심히 하면 과연 공부를 잘할까?' 부터 살펴봅시다. 우리 모두는 나름대로 열심히 공부해요. 학교에 서 하루의 절반을 보내고, 끝나면 학원에 가고, 시험 기간이 되면 엄 청난 스트레스를 견디면서 새벽까지 교과서를 붙들고 씨름하죠. 그 런데 이렇게 공부하는 학생들 중에 실제로 공부를 잘하는 사람은 몇 퍼센트나 될까요? 백번 양보해서 공부를 열심히 하면 절반인 50 퍼센트의 학생들이 공부를 잘하게 된다고 가정해보겠습니다. 실제 로는 절반보다 훨씬 적을 것 같지만요.

그다음은 '공부를 잘하면 좋은 대학에 들어간다'입니다. "꼭 그런 것만은 아닌데"라는 생각이 들죠. 공부를 잘하는 학생은 많지만 실 제로 목표로 한 좋은 대학에 들어가는 경우는 그만큼 많지 않으니 까요. 이것 역시 후하게 쳐줘서 공부 잘하는 학생 중 절반은 목표했 던 좋은 대학에 간다고 가정해봅시다.

세 번째, 좋은 대학을 졸업하면 좋은 직장에 갈까요? 요즘 뉴스나 인터넷에서 청년 실업 문제가 심각하게 다뤄지는 것을 보면 이또한 그리 쉽지만은 않은 것 같습니다. 주변에 취업을 준비하는 형이나 누나, 언니, 오빠가 있으면 더 와닿을 수도 있겠네요. 이번에도 좋은 대학을 졸업하면 절반 정도는 좋은 직장을 가질 수 있다고 가정해볼게요.

자, 마지막으로 '좋은 직장에 가면 풍족하고 행복한 삶을 산다'에 대해 생각해보죠. 주변 어른들을 보면 반드시 그렇다고 말하기는 어려울 것 같아요. 특히 이제 막 사회생활을 시작한 선배들이 자주 야근하면서 힘겨운 시간을 보내는 모습을 보면 더욱 그렇죠. 좋은 직장이 풍요롭고 행복한 삶을 온전히 보장해주지는 않는 것 같습니다. 이번에도 역시 많이 쳐줘서 좋은 직장에 들어가면 그중 절반은 풍족하고 행복하게 산다고 가정해볼게요. 결과는 어떻게 될까요?

산술적으로 약 6퍼센트만이 이러한 과정으로 행복이라는 성공을 달성하게 됩니다. 다시 말해, 100명이 공부를 열심히 하면 위와 같은 과정을 거쳐 행복한 삶을 살 사람은 여섯 명뿐이라는 거죠. 보다 냉정하게 각 단계별로 3분의 1만 맞다고 하면 확률은 더 낮아져 $1/3 \times 1/3 \times 1/3 \times 1/3 = 1.2$퍼센트만이 이러한 과정을 거쳐 행복한 삶을 살게 됩니다. 공부를 열심히 한 100명 중에 한 명만 이러한 방식으로 성공을 할 수 있다니 확률이 너무 낮죠.

이렇게 확률이 낮음에도 공부의 목적을 대입과 취업으로 삼는 경우가 많은데요, 이는 우리를 가르치는 선생님과 부모님이 학생이셨던 20~30년 전에는 더 쉽게 가능했기 때문이에요. 그때는 지금보

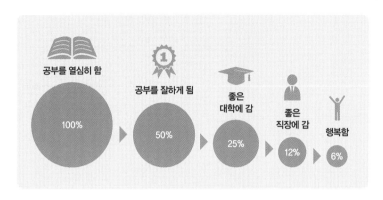

좋은 직장에 가면 풍족하고 행복한 삶을 살까?

공부를 열심히 함
100%

공부를 잘하게 됨
50%

좋은
대학에 감
25%

좋은
직장에 감
12%

행복함
6%

다 대학 수는 적고, 고등학생 수는 많았기 때문에 대학에 들어가는 게 지금보다 훨씬 더 어려웠습니다. 그래서 대학생은 곧 사회에 필요한 고급 인재로 대접받을 수 있었지요. 당연히 대학, 특히 좋은 대학을 나오면 대기업에 취직하기가 쉬웠고, 명문대생은 졸업도 하기 전에 기업에서 스카우트 제안을 하기가 일쑤였습니다.

좋은 회사에 들어가면 그곳에서 지속적으로 승진하고, 더 많은 연봉을 받으면서 은퇴할 때까지 다니는 게 당연한 시대였습니다. 그렇기 때문에 좋은 직장에만 들어가면 남들보다 풍족하게 살 가능성이 높았어요. 그래서 부모님과 선생님이 "공부 열심히 해야 좋은 대학에 가고, 좋은 직장에 들어가서 행복하게 살 수 있어"라고 말씀하셨던 겁니다.

문제는 부모님이나 선생님이 사셨던 시대와 지금이 너무 많이 변했고 심지어 우리가 학업을 마치고 성인이 되는 10~20년 후에는 더 많이 달라진다는 점입니다. 대학 졸업은 예전만큼 인정받지 못하고 기업은 대졸 신입 사원 채용을 줄이고 있죠. 미래에는 많은 직업이 인공지능과 로봇으로 대체되는 등 여러분은 부모님이나 선생님 등 지금 어른들은 살아보지 않은 새로운 세상을 살게 될 겁니다. 더이상 대입을 목표로 하루 종일 책상에 앉아서 공부하는 것이 통하지 않는 시대죠. '그럼 공부를 어떻게 해야 하지?'라는 고민이 생길 거예요. 이에 대한 해답을 이제 나누려고 합니다.

✦ 공부의 목적을 깨달은 6학년 ✦

———

초등학교 6학년이었을 거예요. 제 공부 인생에서 가장 기억에 남는 날 중 하나입니다. 사회 과목을 공부하다가 문득 외울 것이 참 많다고 느껴지면서 '내가 왜 이걸 해야 하지?'라는 생각이 들더군요. 그리고 잠깐 책을 덮고 고민했습니다. 고민 끝에 이런 답을 냈어요.

'안 하는 것과 하는 것 중 어느 게 나을까? 하는 게 더 낫네. 지금은 잘 모르겠지만 알아두면 언젠가 도움이 될 거야.'

간단하고 막연한 동기였지만 제 자신이 설득되었습니다. 하는 것과 안 하는 것, 어떤 게 더 나을까 생각해보니 하는 게 더 낫더라고요. 어린 나이였지만, 그 순간의 다짐이 긴 학창 시절을 지탱한 중요한 계기가 되었어요. 힘들고 지루할 때 '그래, 이건 내 삶에 어떤 식으로든 도움이 될 테니까 하는 게 더 낫지'라고 스스로를 다독였죠. 이렇게 공부의 이유와 목적이 서니 기왕 할 공부라면 그 속에서 즐거움을 얻기 위해 나에게 맞는 공부 방법을 찾았고, 공부의 재미를 더욱 알아가면서 실제로 공부를 즐기는 순간도 많았습니다.

이렇게만 되었다면 해피엔딩이지만 이야기는 여기서 끝이 아니에요. 프롤로그를 보았다면 이미 알고 있겠지만 저는 고3이 되면서 분위기 때문인지 앞으로 1년간은 공부를 재미있게 하기보다는 대입에 필요한 공부를 효율적으로 하자고 생각을 바꿨습니다. 공부의 이유와 목적이 대입으로 바뀐 거죠. 그러자 대학이라는 막연한 대상을 위해 필요한 것만 공부하려니 재미도 없고 이게 나를 위한 공부인가 하는 고민도 되면서 능률도 떨어졌습니다. '나에게 도움이 될 거니까 하자'라는 나를 위한 공부 목적에서 '대학을 잘 가야지'라는 대학을 위한 공부 목적으로 바뀌며 공부의 주체에서 내가 사라진 것이지요.

떨어지는 능률을 만회하기 위해 공부 시간은 더 들게 되어 하루 종일 공부에 매달리다 보니 스트레스는 늘더라고요. 그때 일 년

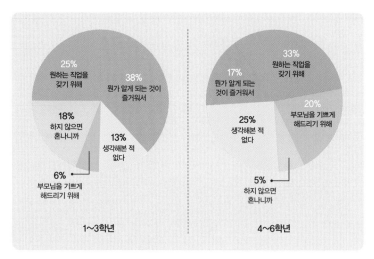

공부는 도대체 왜 하는 걸까?

1~3학년

38% 뭔가 알게 되는 것이 즐거워서

25% 원하는 직업을 갖기 위해

18% 하지 않으면 혼나니까

13% 생각해본 적 없다

6% 부모님을 기쁘게 해드리기 위해

4~6학년

33% 원하는 직업을 갖기 위해

20% 부모님을 기쁘게 해드리기 위해

17% 뭔가 알게 되는 것이 즐거워서

25% 생각해본 적 없다

5% 하지 않으면 혼나니까

학년이 높아지면서 공부의 목적이 바뀝니다.

은 지금 생각해도 조금 아쉬워요. 기왕 힘들 거라면 좀 더 제대로 할 수 있었는데 하는 아쉬움이 드는 거죠. 저는 대학을 수시로 가서 다행이었지만 결과적으로 노력한 것에 비해 만족스럽지 않은 수능 점수를 받기도 했습니다.

여러분은 어떤 이유와 목적으로 공부하고 있나요? 공부의 목적이 중요한 이유는 간단해요. 목적에 따른 결과가 자기 자신에게 고스란히 돌아오기 때문입니다. 제 경험에서도 보았듯이 나에게 도움이 될 거라 생각하며 한 공부는 재미도 있고 훗날 실제로 많은 도움이 되었는데, 대학을 목적으로 한 공부는 즐겁지도 않고 능률도 떨

공부의 목적과 결과 ①

목적	행동	결과
부모님과 선생님께 혼나지 않으려고		혼은 안 났지만, 졸업하거나 성인이 되면 아무 의미가 없어진다.
부모님을 기쁘게 해드리기 위해		부모님은 좋아하시지만, 나는 힘들 때가 많고 점점 지치는 느낌이다.
친구들이 다 하니까	공부하니	나도 친구들과 비슷한 수준이 되었다. 하지만 제대로 하고 있는지, 나는 대체 뭘 잘하는지 모르겠다.
친구들에게 지지 않으려고		그들보다 좋은 성적을 받았다. 하지만 그렇지 못한 경우도 많고, 졸업하면 의미가 없다.
별 생각 없이 그냥		내가 뭘 좋아하는지, 앞으로 뭘 해야 할지 모르겠고 공부가 의미 없게 느껴진다.
좋은 대학에 가기 위해		원하는 대학에 입학했다. 하지만 앞으로는 무엇을 해야 할지 잘 모르겠다.

공부의 목적과 결과 ②

목적	행동	결과
내가 좋아하는 것 (적성)을 찾고 싶어서		나 자신이 무엇을 좋아하는지 알게 되었다. 공부할수록 더 많이 발견된다.
내가 하고 싶은 것 (직업)을 하기 위해	공부하니	원하던 직업을 갖게 되었고, 이와 관련된 일을 할 수 있다.
무언가 알게 되는 것 자체가 즐거워서		즐겁다. 더 많이 알수록 즐거움이 커진다. 나도 모르는 사이에 아는 게 많아졌다.

어졌습니다.

목적, 행동, 결과의 관계를 알기 쉽게 표로 그려봤어요. 먼저 우리가 흔히 접하는 공부의 목적과 결과는 ①번 표와 같습니다. 공부를 열심히 했지만 정작 결과가 나에게 큰 도움이 되지는 않죠? 그럼 다

른 이유인 ②번 표도 한번 살펴볼게요.

어떤가요? 많이 다르죠? 위의 예시들과 달리 아래의 목적과 결과는 확실히 도움이 되어 나에게 되돌아오는 것 같습니다. 차이가 뭐기에 이렇게 다른 결과가 나오는 걸까요? 한마디로 말하면, 공부의 목적이 '내 것이냐, 남의 것이냐'의 차이입니다. 남의 것에서 비롯된 공부의 목적이란, 남들이 좋다는 대학과 직장, 부모님이 원하는 직업, 선생님께 혼나지 않는 것, 친구들과의 비교 등 외부에서 영향을 받은 것들입니다. 그 목적의 중심에는 내가 없지요. 그러다 보니 공부의 결과가 본인이 아니라 부모님이 기뻐하거나 선생님께 혼나지 않는 등 남들에게 돌아가요.

반면, 공부의 목적을 나를 중심에 두고 정하면 내가 무엇을 좋아하고 잘하는지를 발견하고, 좋아하는 걸 더 잘하고 싶고, 새로운 무

내가 공부하면 결과도 내게 돌아와요. 그것이 진짜 공부입니다.

언가를 알게 되는 일이 즐거워지면서 나 자신이 중심이 됩니다. 그래서 결과가 실력이나 즐거움으로 되돌아오는 것이죠. 간단하지만 굉장히 큰 차이에요. 똑같이 열 시간을 공부해도 목적에 따라 내가 얻는 결과는 크게 달라지니까요.

♦ 공부자존감을 올리는 방법 ♦

미적분 평생 쓸 일도 없는데 왜 공부해야 돼요?

커서 공부해도 되잖아요. 꼭 지금 해야 돼요?

저는 문과 갈 건데 과학도 공부해야 돼요?

지금 공부 안 해도 어떻게든 살 텐데 꼭 해야 돼요?

이런 질문을 해본 적 있지 않나요? 성적을 떠나서 공부가 힘들 때 종종 생각나는 질문들이죠. 하지만 '다 너한테 피가 되고 살이 되는 거야'라는 대답을 듣기 일쑤입니다. 이유와 목적을 모르고 하는 것만큼 지루하고 하기 싫은 일도 없을 거예요. 왜 달리는지 모르면서 매일 달리기를 열 시간씩 한다고 생각해보세요. 얼마나 힘들고 싫을까요. 기회만 되면 쉬고 싶을 겁니다. 반대로 목적지가 명확하고, 그 목적지에 내가 갖고 싶은 선물이 기다리고 있다면 달리기가 훨씬 즐겁고 누가 시키지 않아도 열심히 달리게 될 겁니다.

이렇게 나를 스스로 달리게 만드는 힘. 그것은 결국 '공부자존감'이었습니다. 자존감(自尊感)은 스스로 자(自)에 높을 존(尊)을 써서 자아존중감이라고도 합니다. 즉, 스스로 나 자신을 귀하게 여기는 마음이죠. '나는 안 돼', '나는 머리가 나쁜가 봐'와 같은 생각은 자존감이 낮을 때 생깁니다. 특히 공부에서 이 자존감이 낮으면 학업에 대한 자신감이 떨어져, 시험을 보면 실력보다 점수가 낮게 나오고, 그 결과에 또 자존감이 하락하는 악순환에 빠지게 됩니다.

자, 지금 독서실에서 스탠드를 켜놓고 영어 공부를 하고 있다고 상상해봅시다. 엄청나게 열심히 공부하고 있어요. 오늘 공부가 평소보다 잘 됩니다. 그러다 잠시 고개를 들고 이런 생각을 해봅니다. '이 영어 공부는 지금 왜 하는 걸까? 공부하면 나에게 뭐가 좋을까?

영어를 더 잘하겠지. 그럼 뭐가 더 좋아질까? 외국 여행 갈 때 좋겠지? SNS에서 외국 팔로워한테 영어로 댓글도 달 수 있겠지? 미국 드라마를 볼 때 자막을 안 봐도 되겠지?' 라고 한번 상상해봅시다. 참 즐거운 일이죠. 내가 더 좋아지고 더 잘하게 되고 하고 싶은 것을 할 수 있게 되니까요.

여러분은 방금 공부자존감을 높였습니다. 이것을 공부하면 무엇이 나아질지를 재미있게 상상만 했을 뿐이지만, 그것이 바로 공부자존감을 높이는 방법입니다. 내가 하고 있는 공부를 통해 나에게 돌아오는 것을 생각하는 것. 그것이 공부자존감을 높이는 방법이고, '이 공부는 나를 위해 하는 내 공부임을 인식하는 것'이 공부자존감입니다. '파이팅! 할 수 있어!' 하는 것이 공부자존감을 높여준다기보다, 공부하면서 '아, 이 공부하면 나에게 어떤 도움이 될까? 이러저러한 장점이 있겠네. 대박!' 이라고 생각하면서 공부하는 것이 공부자존감을 높여 줍니다. 너무 쉽죠?

저에게는 공부자존감이 초등학교 6학년 때의 '안 하는 것보다는 하는 게 낫지'라는 다짐에서 시작되었고 그것은 저 스스로를 공부하게 이끌어 결국 민사고에서 수석, 서울대에서 수석을 하게까지 만들었습니다. 공부자존감이 생기면 내가 지금 이 힘들고 어려운 공부를 해야 하는 이유를 스스로 분명하게 알게 되고 그러면 누가 시키지 않아도 나를 위해 공부하게 되며 그 힘이 계속되어 현재도 여전히 배우고 익히는 공부를 나를 위해 끊임없이 하고 있습니다. 매우 즐거운 일이에요. 공부한 만큼 그 결과가 실력이 되어 저한테 고스란히 쌓이니까요.

그럼 공부자존감을 지닌 상태에서, 다시 말해 이 공부는 나를 위해 내가 하는 공부라고 인식한 상태에서 조금 전 질문에 어떻게 답할 수 있을지 그 예시를 적어볼게요.

Q. 미적분 평생 쓸 일도 없는데 왜 공부해야 돼요?
A. 미적분으로 배우는 사고력이 나에게 분명 도움이 될 테니까.

Q. 커서 공부해도 되잖아요. 꼭 지금 해야 돼요?
A. 내가 지금 돈을 벌어야 하는 것도 아니고 마침 공부 시간도 충분하니까.

Q. 저는 문과 갈 건데 과학도 공부해야 돼요?
A. 과학까지 잘하면 문과 과목이랑 더해서 다 잘하게 될 테니까.

Q. 지금 공부 안 해도 어떻게든 살 텐데 꼭 해야 돼요?
A. 지금 하면 안 한 거보다 더 잘 지내게 될 테니까.

이것이 내가 나를 위해 공부하는 것임을 아는 '공부자존감'을 지닌 학생들의 예시 답안들입니다. 결국은 공부 덕분에 내가 더 좋아지니까 하는 거죠. 각자 위 질문에 대한 답을 해봅시다. 나에게 무엇이 좋아질까? 즐겁게 상상해보세요.

✦ 지금 그 가짜 공부를 멈춰라! ✦

지금까지 진짜 공부와 시험의 정의, 공부하는 이유와 목적, 공부 자존감까지, 제가 민사고와 서울대에서 수석을 할 수 있었던 공부의 모든 비밀들에 대한 이야기를 나눠봤습니다. 마지막으로 제가 공부 이야기를 할 때 가장 강조하는 말을 해주고 싶어요.

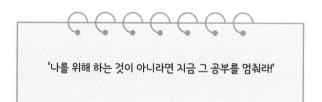

'나를 위해 하는 것이 아니라면 지금 그 공부를 멈춰라'

남을 위해 하는 거면 그렇게 힘들게 공부하지 마세요. 반대로 말하면, 공부를 할 거면 나의 실력과 발전을 위해 한다는 것을 반드시 생각한 후에 하라는 것입니다. 이것이 제가 말하는 가짜 공부와 진짜 공부를 가르는 기준이고, 공부가 전부 실력이 되는 결정적 포인

트랍니다.

부모님의 마음을 위해 공부하지 마시고, 선생님께 혼나지 않기 위해 공부하지 마시고, 아직 경험해보지도 못한 대학을 위해 공부하지 마시고, 친구들이 다 하니까 공부하지 마세요. 나를 위해 하는 것이 아니라면 지금 그 공부를 멈추고, 그 공부가 과연 나를 위한 것인가라는 이유를 먼저 찾은 후 그다음에 공부하세요. 그렇지 않으면 아무리 공부해도 실력이 늘지 않는 '이번 생은 망했어'의 상태가 됩니다. 아, 참고로 부모님이 진정으로 원하시는 건 우리가 좋은 실력을 쌓아서 나중에 어른이 되어 잘 사는 것이랍니다. 부모님의 마음을 생각한다면 나를 위한 공부로 내 진정한 실력을 쌓는 것이 최선의 방법인 거죠.

자, 그럼 우리가 공부를 하는 목적을 쉽게 한 문장으로 정리해볼게요. 이 문장은 외워도 좋아요.

앞서 공부의 목적을 '공부 – 대학 – 직장 – 행복한 삶'으로 생각했

공부란, '내가 좋아하는 게 무엇인지 발견하고,
이를 계속할 수 있는 실력을 갖춰,
평생 즐겁고 신나게 살기 위한 것.'

을 때 그 확률이 정말 낮다고 이야기했죠? 공부의 목적을 '내가 좋아하는 것을 발견하고, 그걸 계속할 수 있는 실력을 갖춰서, 평생 내가 좋아하는 것들을 하고 살기 위함'이라고 바꾸면 위와 같이 어려운 과정을 거치지 않고도 지금 당장부터 그 행복한 삶을 살 수 있게 됩니다. 왜냐하면 공부할 때마다 내가 좋아하는 것을 발견하게 되고 내 실력을 쌓으며 나중엔 그 좋아하는 걸 계속할 수 있게 되기 때문이에요. 그 상태가 바로 공부자존감이 생긴 상태입니다.

제가 지금까지 한 이야기가 의아하게 들릴 수도 있어요. 그동안 일류 대학을 나와 좋은 직장에 들어가는 것이 성공이고, 그렇게 되기 위해 싫어도 꾹 참고 공부해야 한다는 이야기를 많이 들어왔을 텐데, 민사고와 서울대에서 수석을 했다는 사람이 나타나서 진짜 공부는 그것이 아니라 '배우고 익히는 것'이고 공부의 비밀은 '공부자존감'에 있으며 내가 나를 위해 공부하고 있음을 인지하는 것이 공부를 잘하게 만든다고 이야기하니까요.

저는 지금도 일상이 공부입니다. 저는 파라스타라는 스타트업 회사를 경영하고 있고 끊임없이 새로운 것을 배워야 합니다. 경영하는 방법, 인력 관리 방법, 데이터 분석 알고리즘 개발 방법, 더 작게는 시간을 효율적으로 잘 쓰는 법이라거나 상대에 따라 말하는 방식을 어떻게 바꿔야 하는지 등에 대한 것도 매일 배우고 익히면서 스스로를 성장시키고 있습니다.

일도 엄청나게 합니다. 출퇴근 시간이 따로 없고 언제든 제가 하고자 하는 일을 하죠. 회사를 운영하며 공부자존감(personalitytest. co.kr)이라는 교육 사업을 런칭하고 작가로서 글을 쓰면서 현재는 새로운 건축 개발사 창업을 준비하고 있기도 합니다. 그 외에도 다양한 일을 하며 24시간이 모자란 삶을 살고 있는데, 이런 삶은 제가 좋아하는 일을 발견하고 선택하며 이끌어가기 때문에 괴롭거나 힘들지 않습니다. 공부 덕분에 내가 무엇을 좋아하고 잘하는 사람인지를 알게 되었고, 끊임없이 성장을 거듭하게 되었으며 그것을 계속해나갈 수 있습니다. 그리고 그 중심에는 내가 나를 위해 공부를 하고 있다는 것을 분명히 깨닫는 '공부자존감'이 있었죠.

살면서 지치고 힘든 일이 생길 때도 그 상황조차 무언가 새로운 것을 배우고 익히는 시간으로 활용하고 하루하루 나라는 존재의 성장을 위해 노력하고 있죠. 참 즐거운 일입니다. 내가 좋아하고 뜻을 세운 일을 계속할 수 있는 실력과 환경을 끊임없이 만들 수 있다는 것. 진짜 공부의 힘은 이렇게 발휘됩니다.

우리 한번 자신에게 솔직해져 봅시다. 나중에 커서 여러분은 무엇을 하면 좋을 것 같아요? 부모님이나 사회적인 기대나 돈과 직장, 어디서 들었던 이야기 등등 모든 걸 다 제외하고 그냥 나는 뭘 하고 싶은지 상상해봅시다. 답이 나오나요? 그것이 무엇이든 공부는 그것을 할 수 있게 만들어줍니다. 그것이 공부이고 공부가 가진 진정한 힘이에요. 공부 할만 하죠?

자, 그럼 이제 조금 구체적인 이야기를 해볼까요? 여러분들이 궁금해하시는 각 과목의 공부는 대체 왜 하는 것인지 이야기해봅시다. 국어, 영어, 수학, 과학부터 음악, 미술, 체육까지 각 과목들은 왜 공부하는 걸까? 지금까지 듣던 것과 다른 진짜 이유를 알려드리죠.

서울대 수석은
이렇게 공부합니다

PART 2

서울대 수석의
과목별
공부 이유

여러분 모두 좋아하는 과목과 싫어하는 과목이 있을 겁니다. 누군가는 체육을 좋아해서 밖에서 뛰는 것을 좋아하고, 누군가는 국어 시간에 글 쓰는 것을 좋아하고, 누구는 가정 시간에 요리하는 것을 좋아합니다. 각자의 기질과 사고방식에 따라 본인에게 잘 맞는 과목이 있고 그렇지 않은 과목도 있어요.

그런데 좋아하고 잘하는 과목보다 싫어하는 과목에서 공부자존감을 얻는 것이 고른 성적과 실력 향상에 아주 큰 도움을 줍니다. 재미는 없어도 이 과목을 왜 공부하고 나에게 어떤 도움이 되는지를 깨달으면 그 과목 공부를 헤쳐나갈 수 있는 힘이 생기거든요.

이 파트에서는 더 쉽게 공부자존감을 얻을 수 있도록 과목별로 그 의미를 정리해봤습니다. 특히 여러분이 별로 좋아하지 않는 과목부터 읽다 보면 새로운 흥미를 발견할 수 있으리라 장담해요.

국어, 영어, 수학, 과학, 사회, 도덕, 그리고 예체능 과목인 음악, 미술, 체육을 담았고 앞으로 더욱 중요해질 정보(컴퓨터) 과목도 포함했어요. 그리고 현재는 대학에만 있는 과목인 '금융'이라는 미래 과목도 추가했습니다. 이 과목들의 공부가 여러분에게 어떤 도움을 줄지 궁금하지 않나요? 이 과목들을 공부하는 진짜 이유는 무엇일까요?

1장

국어
모든 과목의
성적을 결정하니까

◆ 모든 배움의 기초는 국어다 ◆

국어를 잘하면 수학도 영어도 과학도 잘하기 쉽다는 사실을 아시나요? 이게 무슨 말인지 의아해할 학생이 많을 겁니다. 보통 언어를 잘하는 사람은 수학, 과학 등 수리 영역에서 조금 부족하고, 수학과 과학을 잘하는 사람은 언어가 약하기 마련이니까요. 하지만 국어는 다른 과목과는 다르게 모든 학문의 바탕이 되는 가장 기본적인 과목이라고 할 수 있습니다.

우리는 대부분의 지식을 언어로 습득합니다. 수학 문제를 풀고, 국사를 공부할 때도 모두 국어로 하고, 선생님도 국어로 수업하십

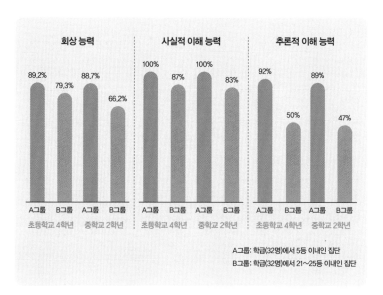

학업 성취도와 독해력의 관계

회상 능력
89.2% 79.3% 88.7% 66.2%
A그룹 B그룹 A그룹 B그룹
초등학교 4학년 중학교 2학년

사실적 이해 능력
100% 87% 100% 83%
A그룹 B그룹 A그룹 B그룹
초등학교 4학년 중학교 2학년

추론적 이해 능력
92% 50% 89% 47%
A그룹 B그룹 A그룹 B그룹
초등학교 4학년 중학교 2학년

A그룹: 학급(32명)에서 5등 이내인 집단
B그룹: 학급(32명)에서 21~25등 이내인 집단

독해력과 학업성취도는 관계가 깊습니다. 특히 주로 고배점 응용문제로 나오는 추론 문제에서는 언어 능력에 따른 차이가 더 커집니다.

니다. 즉, 언어 능력이 좋으면 모든 과목에서 습득 속도가 빨라지고 이해의 깊이도 깊어지죠. 선생님이 의도하는 바가 무엇인지 잘 파악할 수 있어 시험 문제를 예상하기도 쉬워집니다. 또한 글의 주제와 구조를 파악하는 능력이 좋아져 긴 글을 논리적으로 더 많이 기억할 수 있습니다. 한마디로 시험 점수의 매우 큰 부분을 국어, 즉 언어 능력이 담당하고 있습니다.

국어 능력이 성적에 미치는 영향을 구체적으로 구분하면 속도,

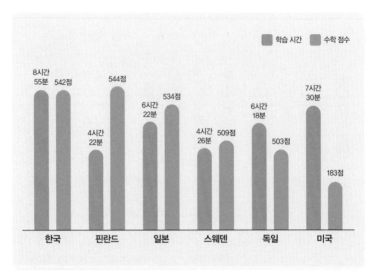

15세 청소년 나라별 학습 시간과 수학 점수

학습 시간 | 수학 점수

한국 8시간 55분 542점
핀란드 4시간 22분 544점
일본 6시간 22분 534점
스웨덴 4시간 26분 509점
독일 6시간 18분 503점
미국 7시간 30분 183점

핀란드 학생들은 우리보다 시간은 절반만 들이지만 성적은 비슷합니다.

의도, 암기라고 할 수 있습니다. 각각에 대해 좀 더 자세히 들여다볼까요?

똑같이 하루에 세 시간을 공부하는 두 학생이 있습니다. 한 친구는 하루에 교과서 스무 장씩 진도를 나가고, 다른 친구는 열 장 정도를 겨우 해내고 있습니다. 같은 시간을 공부해도 효율에서 왜 이렇게 큰 차이가 나타날까요? 그 이유는 많은 경우 국어 실력에서 발생합니다.

언어 훈련이 잘되어 있어 읽는 속도도 빠르고, 읽는 동시에 이해하는 학생은 공부 속도가 빠릅니다. 당연한 말이지만 시험을 보는 모든 과목, 미술, 음악, 체육까지도 글로 된 책을 읽고 이해하고 습득합니다. 언어 능력이 발달되어 있으면 전 과목의 공부 속도를 높일 수 있는 것이죠. 하루 종일 공부해도 목표한 만큼 진도를 나가지 못하거나, 시험을 볼 때마다 시간이 부족하게 느껴진다면 자신의 국어 실력이 부족한 건 아닌지 의심해봐야 합니다.

저는 시험 공부를 할 때 하루에 할 공부의 양은 정했지만, 공부의 시간을 정해놓지는 않았습니다. 중요한 것은 시간이 얼마가 걸리든 계획에 따라 목표한 공부를 다 해내는 것인데, 그러려니 빠르게 내용을 읽고 이해하는 것이 중요했어요. 아무리 긴 시간을 공부해도 하고자 한 만큼을 다 못했다면 만족스럽지 않게 공부한 날이 되는 거죠. 시험 공부 기간은 한정적이기 때문에 국어 실력에 따라 두 시간 공부할 것을 한 시간에 끝내고, 나머지 한 시간에 다른 과목을 공부할 수 있게 되어 더 효율적으로 공부할 수 있었어요.

• 의도를 파악하면 시험 문제가 보인다 •

중학생일 때, 중간고사를 일주일 앞둔 어느 날이었습니다. 그 무렵엔 선생님들께서 수업 진도를 나가지 않고 시험 공부를 위해 자습 시간을 주셨는데, 가정 시간에 선생님께서 스윽 지나가시면서 제게 "넌 이번 시험에 어떤 문제가 나올 것 같니?"라고 물어보셨습니다. 그래서 "이러저러한 문제가 나올 것 같은데요"라고 대답했더니, "넌 시험 문제를 이미 다 알고 있구나"라고 하시더군요. 당시에는 그 말의 의미를 몰랐는데, 나중에 생각해보니 선생님께서 수업 시간에 전달하려는 내용과 의도를 제가 평소 잘 파악하고 있어서, 어떤 내용이 시험에 나올지도 이미 잘 알고 있다는 의미였던 것 같습니다.

국어 능력이 좋으면 시험도 잘 보고, 수행 평가에서도 좋은 성적을 받을 수 있는 이유는 바로 '상대방의 의도를 파악하는 능력'이 발달하기 때문입니다. 글을 쓴 사람이나 말하는 사람이 무엇을 전달하고자 하는지, 그 의도를 빠르고 정확하게 파악할 수 있게 됩니다. 사실 수업 시간에 선생님의 말씀만 잘 듣고 있으면 시험에 어떤 문제가 나올지 대충 알 수 있습니다. "이 부분은 매우 중요해", "이 내용은 반드시 알아두어야 해"라고 충분히 강조하는 데다, 교과서에서도 그 부분에 대한 설명이 상세히 나와 있기 때문이에요.

반대로 언어 능력이 부족해 선생님의 의도를 잘 파악하지 못하면, 중요하지 않은 부분을 공부하는 데 괜한 시간을 쏟게 됩니다. 특히 입시 면접에서 가장 유념해야 할 점이 '질문의 의도를 정확히 파악하는 것'이라고 합니다. 많은 학생이 이걸 제대로 하지 못해 엉뚱

한 대답을 하는 경우가 많습니다.

이 언어 능력은 시험뿐만 아니라 친구들과의 대화와 소통에도 큰 도움이 됩니다. 언어 능력이 높다면 친구가 무엇을 말하는지 정확히 파악하고 원하는 것을 해줄 수 있겠죠. 반대로, 국어 능력이 떨어지면 친구가 무슨 이야기를 하는지 잘 파악하지 못해 엉뚱한 말이나 행동으로 오해를 사거나 사이가 틀어지는 일이 발생하기도 합니다. 국어 공부가 참 많은 곳에 영향을 미치죠?

✦ 모든 내용을 외우는 건 암기가 아니다 ✦

책과 강의에서 보고 들은 내용을 모두 기억하고 암기할 수는 없습니다. 교과서를 처음부터 끝까지 다 외우려면 시간과 노력을 매우 많이 들여야 하는데, 이는 실제로 거의 불가능하죠. 그래서 전체 내용 중 반드시 이해하고 암기해야 할 주요 내용이 무엇인지 파악하는 게 중요한데, 국어 실력이 좋으면 이 과정이 쉽고 빨라집니다. 이것이 바로 '요약'입니다.

국어 시간에 자주 하는 것 중 하나가 독후감 쓰기입니다. 책을 많이 읽게 하기 위해 독후감 과제를 낸다고 생각하기 쉬운데요, 사실 독후감은 책을 읽는 것 외에도 글의 내용을 요약하기 위한 목적이

큽니다. 수십 쪽에서 수백 쪽에 달하는 책을 단 몇 쪽 또는 몇 개의 단락으로 요약하고, 배우고 느낀 점을 더하면서 요약과 생각 정리 등 다양한 면을 공부하게 되거든요.

이 공부를 반복하면 시험 문제에 나오는 서너 문단의 지문은 그냥 후루룩 읽고도 쉽게 주제를 알아낼 수 있습니다. 단골 시험 문제인 '위 지문을 읽고 주제를 파악하라', '다음 중 위 지문의 내용을 잘못 파악한 것을 고르세요'라는 질문에 강해질 수 있어요. 요약이 익숙해지면 지문이 긴 문제도 당황하지 않고 풀 수 있습니다.

'글을 읽으면 주제 정도는 당연히 파악되는 거 아니야? 한글 읽고 내용 이해하는 게 뭐 어려운 일이지?'라고 생각하는 친구들도 있어요. 하지만 긴 글을 읽고 주제를 제대로 파악하는 건 그렇게 쉽지 않아요.

제가 초등학교 저학년일 때 글짓기 학원에서 신문 사설을 읽고 다섯 줄로 요약하는 숙제를 받은 적이 있습니다. 요약이 뭔지 개념이 안 잡혀 있던 상태라 단순히 사설을 한 문장 걸러 한 문장씩 열심히 써간 기억이 있습니다. 긴 내용을 다섯 줄에 채우기 위해 글씨 크기를 줄여서 빼곡하게 써갔죠. 평소처럼 썼으면 열 줄은 족히 되었을 겁니다. 내용을 요약한 게 아니라 글씨를 작게 써간 제 숙제를 본 선생님께서 웃으면서 요약하는 방법을 알려주었습니다. 반드시 사설 문장을 그대로 옮길 필요 없이 각 문단의 내용을 이해하고 한 문장으로 정리해서 적으면 된다고 하시더군요. 그날 처음 요약을 배운 것 같아요.

아마 공부 잘하는 친구 중 국어 실력이 안 좋은 친구는 찾아보기 힘들 거예요. 그들은 책을 보고 강의를 들으면서 바로바로 요약해서 주요 내용을 파악하고 암기하는 능력이 뛰어나기 때문에 같은 시간을 공부해도 더 효율적으로 습득합니다. 그것이 바로 공부를 잘하는 비밀 중 하나인 것입니다.

◆ 언어 실력의 발달 과정 ◆

'내가 국어를 얼마나 잘하는지, 수준에 맞게 어떻게 공부해야 하는지' 감을 잡기 어려울 것 같아요. 그렇다면 국어를 잘한다는 것은 어떻게 파악할 수 있을까요? 저는 언어 실력이 다음과 같은 순서로 발달한다고 생각합니다. 여러분은 각자 어느 단계에 와 있는지 생각해볼까요?

철자에서 문장으로

우리는 어렸을 때 'ㄱ, ㄴ, ㄷ' 등의 철자부터 익히기 시작해 '가, 나, 다' 등의 음절을 만들고, 이 음절들을 연결해 '엄마, 아빠'와 같은

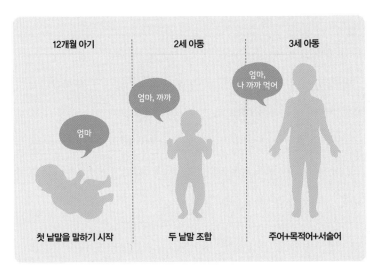

철자 → 음절 → 단어 → 문장 → 문단 → 전체 글 → 이 글의 사회적 맥락. 단어가 문장으로 완성되기까지는 많은 과정이 필요합니다.

단어를 만들고 이해하게 됩니다. 여기까지는 모두 쉽게 할 수 있는데, 그다음 과정인 문장을 만드는 것부터 실력 차이가 생깁니다.

단어들을 엮어서 문장을 만들 때, 문장의 호응이 맞지 않는다든가 동사를 제대로 사용하지 않고 단어로 문장을 끝내는 것은 단어에서 문장 수준으로 넘어가는 국어 공부가 부족하다는 걸 의미합니다. 특히 길고 복잡한 문장을 만들기 어렵거나 긴 문장의 구조가 잘 이해되지 않는다면, 현재 나의 국어 실력이 단어에서 문장 사이쯤에 있다고 생각하면 됩니다.

요즘은 직접 대화하지 않고 카톡 등의 문자를 더 많이 주고받습

마지막 'ㄱㄷ'은 '기둘', 즉 기다리다라는 뜻인가요?

니다. 그래서인지 말을 끝까지 하지 않고 줄여 쓰거나 의성어를 자주 사용하느라 논리적인 문장을 완성하는 감각이 부족해지는 것 같아요. 말을 줄여 쓰는 건 재미있게 하되, 문장을 만들고 글을 읽는 실력은 계속 갖춰나가야 합니다. 30년 후에도 저런 식으로 말한다면 너무 이상하지 않을까요?

문장에서 문단으로

그다음은 문장을 엮어서 문단을 만드는 단계로 넘어가는데, 꽤 많은 학생이 이 단계에서 어려움을 겪습니다. 문단이란 전달하고자 하는 하나의 주제를 가지고 통일성 있게 쓰인 여러 문장으로 구성된 문장들의 집합입니다.

중요한 것은 하나의 문단은 하나의 주제를 갖고 있어야 한다는 점입니다. 그런데 언어 실력이 부족하면 한 문단이 여러 주제를 갖고 있거나, 반대로 계속 내용이 이어져야 할 부분에서 문단을 나누는 일이 자주 발생합니다. 또는 한 문단이 너무 길어져서 한 쪽을 모두 차지하기도 하죠. 글을 쓰거나 요약하다가 이런 현상이 발생하면, 아직 문단 작성과 파악 능력이 부족한 것이라고 할 수 있습니다.

만약 여러분의 국어 실력이 현재 이 정도 수준이라면, 글을 읽으면서 한 문단을 한 문장으로 요약하는 연습을 해보세요. 한 문단을 한 문장으로 요약하다 보면, 그 문단의 주제를 파악하게 됩니다. 그러면 하나의 문단이 어느 정도의 내용으로 구성되는지 감을 잡을 수 있고, 혹시 한 문장으로 요약이 안 될 만큼 많은 내용을 한 문단에 담으려고 한 건 아닌지 스스로 깨닫게 됩니다. 여기까지 실력이 쌓이면 웬만한 시험 문제의 지문에서 주제를 파악하는 일이 어렵지 않습니다.

문단에서 글로

문단에 대한 이해와 습득이 충분히 되면, 이제 '글'의 단계에 들어서게 됩니다. 문단까지는 잘 나누고 만들 수 있어도, 이것을 효과적으로 연결해 매끄러운 하나의 글로 완성하는 건 쉽지 않죠. 어떤 글은 후루룩 쉽게 읽히는데, 어떤 글은 아무리 읽어도 무슨 내용인지 도통 이해되지 않을 때가 있습니다. 이것은 바로 '글의 흐름' 때문입니다.

고등학교 혹은 대학 입시와 시험에는 달랑 한 문장짜리 문제를 주고 몇 쪽에 걸쳐 자기 생각을 적는 문제가 등장하기도 하는데요, 제가 대학교 2학년일 때 기말고사 시험 문제 중 하나가 '한국의 아파트 문화에 대한 견해를 밝히시오'였습니다. 그리고 답안지를 아예 공책 형태로 된 노트를 주시더군요. 종이는 많으니 시간이 되는 대로 자기 생각을 모두 적으라는 의미였습니다. 그때 저는 열 쪽 정도를 써낸 것 같은데, 이러한 서술형 문제가 점점 늘어나고 있는 게 사실입니다.

글을 배우고 익히는 가장 좋은 방법은 역시 좋은 글을 많이 읽는 것입니다. 어떤 책이 좋은 책인지 모른다면, 오랫동안 많은 사람에게 사랑받는 고전 명작 소설, 유명 한국 소설, 잘 번역된 책을 선택하면 좋습니다. 중고등학생이 반드시 읽어야 할 소설 등의 리스트도 대부분 추천할 만합니다. 이런 책들은 내용이 좋은 건 물론이고, 쉽게 읽히는 문장과 자연스러운 글의 흐름을 가지고 있어 글쓰기 감각을 익힐 수 있습니다.

이런 책을 읽으면서 각 문단을 한 문장으로 요약하고, 장별로 한 문단으로 정리하고, 전체 글을 하나의 짧은 글로 요약하는 것은 국어 실력 향상에 큰 도움이 됩니다. 아마 여러분도 많이 해봤을 겁니다. 이게 바로 독후감 쓰기죠. 그래서 독후감이 언어 실력 향상에 가장 효과가 큰 방법 중 하나입니다.

글에서 맥락 이해로

마지막으로 글의 내용을 이해하는 것을 넘어 이 글이 어떠한 사회적 맥락 속에서 쓰였는지 파악하는 것이 가장 높은 수준의 국어 실력이 아닐까 생각합니다. '한국 근현대 소설을 읽고 유추할 수 있는 당시의 사회상은 어떠한가?'와 같은 문제들이 그 예입니다.

'행간을 읽는다'라는 말을 들어봤나요? 똑같은 글을 읽어도 누구는 그 글의 내용만 이해하는 수준이고, 다른 누구는 그것을 바탕으로 현재 사회를 진단하고 미래를 예측하며, 어떤 문제를 어떻게 해결해야 하는지까지 생각합니다. 다양한 분야를 경험하고 소설, 비소설, 기사, 그림책, 만화책, 위인전, 심지어 판타지 소설 등을 읽으면서 그것들의 관계나 본질을 파악하는 능력이 길러지면 가능해집니다.

이 단계는 상급 수준이므로 먼저 하나의 글을 제대로 읽고 쓸 수 있는 실력을 갖춘 후 생각해도 괜찮아요. 단, 특목고나 자사고 입시 혹은 대학 입시에서 이 단계까지 요구하는 문제가 출제되기도 하니, 이를 목표로 한다면 도전해봐야겠죠.

✦ 공부 잘하는 사람치고 국어 못하는 사람은 없다 ✦

어찌 보면 대한민국 사람에게 당연한 국어 공부를 이렇게까지 강조하는 이유는, 국어 공부를 소홀히 하는 학생과 부모님이 은근히 많기 때문입니다. 수학처럼 단계별 학습 과정이 있는 것도 아니고, 실력 향상이 눈에 띄게 보이는 것도 아니어서 수학, 영어, 과학 등에 밀리기도 합니다. '우리나라 말인데 그냥 할 줄 아는 거 아니야? 왜 이렇게까지 국어 공부를 해야 하지?'라고 생각하는 친구도 봤어요.

초등학교 교육 과정의 시간 배당 기준

구분		1~2학년	3~4학년	5~6학년
교과 (군)	국어	국어 448	408	408
	사회/도덕		272	272
	수학	수학 256	272	272
	과학/실과	바른 생활 128	204	340
	체육	슬기로운 생활 192	204	204
	예술(음악/미술)		272	272
	영어	즐거운 생활 384	136	204
창의적 체험 활동		336 안전한 생활 (64)	204	204
학년군별 총 수업 시간 수		1,744	1,972	2,176

2021년 현재 초등학교 교과 시간입니다. 보시다시피 국어 시간이 가장 많습니다.

그런데 혹시 초등학교 교과 과정에서 국어 시간이 다른 과목에 비해 월등히 많다는 걸 아시나요? 우리가 과목을 말할 때 '국영수' 처럼 국어를 가장 먼저 언급하는 것도, 사실은 국어가 가장 주요 과목이기 때문이에요. 국어를 열심히 공부한 친구들은 학년이 올라갈수록 공부 효율이 높아지고 좋은 성적을 받게 되겠지요.

마지막으로 프랑스의 고등학교 졸업 자격시험 문제를 몇 개 소개해볼게요. 우리나라로 치면 대학 입시 수준쯤 될 거예요. 그런데 사고력뿐만 아니라 상당한 수준의 언어 능력을 요구한다는 걸 알 수 있습니다. 여러분이라면 다음의 문제에 어떻게 답했을까요? 한 문제라도 좋으니 지금 한번 대답을 적어보세요.

인간(Human)

질문 1 스스로 의식하지 못하는 행복이 가능한가?

질문 2 꿈은 필요한가?

질문 3 과거에서 벗어날 수 있다면 우리는 자유로운 존재가 될 수 있을까?

질문 4 지금의 나는 내 과거의 총합인가?

질문 5 관용의 정신에도 비관용이 내포되어 있는가?

2장

영어
삶의 무대를
세계로 넓혀주니까

• 영어는 생각보다 가까이 있다 •

우리나라처럼 남녀노소를 불문하고 영어 공부에 이토록 많은 시간과 노력을 들이는 나라는 드물 겁니다. 학생은 물론이고, 어린이들도 학교에 들어가기 전부터 영어 유치원, 영어학원에 다니고 어른이 된 후에도 토익, 토플, 직장인을 위한 비즈니스 영어까지 평생을 영어 공부와 함께한다고 해도 과언이 아닙니다. 그만큼 영어는 스트레스를 유발하는 과목으로 유명하죠. 잘 모르면 아예 무슨 말인지 알아듣지도 못하고 수업 시간이 지나가 버리니까요. 그런데 혹시 영어 공부를 하는 이유를 생각해본 적 있나요?

영어를 공부하면 대체 뭐가 좋아지는지, 삶이 어떻게 얼마나 달라지는지 한번 이야기해보겠습니다. 이 글을 읽고 '오, 영어 좀 공부해야겠는데'라는 마음이 들면 좋겠어요.

길을 가다가 외국인이 말을 걸면 흔쾌히 받아주나요, 아니면 깜짝 놀라 도망가나요? 많은 사람이 외국에서 말이 잘 통하지 않는다 싶으면 일단 영어로 말을 겁니다. 세계 대부분의 공항에서 영어를 사용하고, 도로 표지판에는 영어가 병기되어 있습니다. 이렇듯 영어는 사실상 세계 공용 언어인 셈이죠. 자, 그럼 영어를 잘하면 삶이 어떻게 달라지는지 한번 상상해볼게요.

◆ 나의 무대가 전 세계라면? ◆

상상력을 발휘해서 우리가 미국이나 영국 등 평소에 영어를 쓰는 국가의 국민이라고 생각해봅시다. 여행이나 유학, 일과 관련해 외국에 갈 일이 생겼습니다. 세계 어느 나라의 공항에서도 직원들이 영어를 사용할 줄 압니다. 또 안내 표지판에도 영어가 표기되어 있어 편리합니다. 공항뿐만 아니라 길거리의 도로 간판에도 영어가 쓰여 있어서 미리 길을 익히지 않아도 목적지까지 쉽게 찾아갈 수 있습니다. 호텔 직원들도 영어를 할 줄 알기 때문에 모국에서 쓰던

영어가 표기된 국제 공항의 간판들입니다.

말 그대로 말하면 됩니다.

　공부하거나 일할 때도 상대방과 영어로 소통할 것이고, 낯선 장소에 놀러 가도 영어로 된 안내 책자가 준비돼 있을 겁니다. 궁금한 게 있으면 인터넷으로 정보를 찾기도 쉬울 겁니다. 즉, 내 집에서 평소에 쓰던 말이 전 세계 어디에서나 쓰이는 것이죠. 외국에 나갔지만 언어에 대한 스트레스 없이 마음 편하게 어디든 다닐 수 있습니다.

　이렇다면 얼마나 편할까요? 외국이 아니라 피부색이 다른 사람들이 사는 한국의 또 다른 지역에 온 느낌이 들 거예요. 말이 통하지 않을 걸 대비해 미리 온갖 준비를 해야 하는 부담도 덜고, 버스를 타고 국내 어딘가를 가는 것처럼 비행기를 타고 세계 어디든 갈 수 있게 됩니다. 멋진 말로 정리하면 '나의 활동 무대가 한국을 넘어 세계 전체가 되는 것'입니다.

일본 나리타공항에는 한글이 병기되어 있습니다. 마음이 참 편해지죠?

✦ 삶의 무대가 기회의 크기를 결정한다 ✦

실제로 현재 영어권 국가의 사람들은 앞에서 이야기한 생활을 하고 있습니다. 미국뿐만 아니라 영어를 쓰는 영국, 인도, 싱가포르, 홍콩도 마찬가지고, 전 국민의 90퍼센트 이상이 영어를 모국어처럼 사용하는 북유럽 국가 사람들도 그렇습니다.

학생 여러분은 삶의 무대를 대한민국에 한정하고 있나요, 아니면 세계를 바라보고 있나요? 사회 시간에 글로벌 시대, 세계화, 국제화에 대해 배우면서 앞으로 세계를 무대로 공부해야 한다고 하지만, 스스로 그 범위를 국내로 한정하고 있을 수도 있어요.

어느 미국 학자가 '아프리카 국제 관계'에 대한 연구를 위해 아프리카에 직접 가서 논문을 발표한다고 가정해봅시다. 별로 어색하지 않을 수 있습니다. 아프리카의 국제 관계가 미국 경제에도 영향을 미칠 것 같고, 영화 「인디아나 존스」에 나온 주인공처럼 페도라를 쓰고 오지를 탐험하는 서양 사람의 모습도 떠오릅니다.

주변의 한국인 친구나 지인이 아프리카 국제 관계에 대한 연구를 위해 아프리카와 국내를 오가며 일한다고 해봅시다. 느낌이 어떤가요? '아니 왜 한국 사람이 아프리카까지 가서 연구를 하지? 대체 아프리카는 어디 붙어 있는 거야'라는 생각이 드나요?

이런 느낌의 차이가 바로 내 삶의 무대를 결정합니다. 전 세계를 삶의 무대로 생각하는 사람과 우리나라에 한정된 사람은 기회의 크기 자체가 다릅니다. 그 무대가 대한민국도 아니고 내가 사는 도시나 지역에 한정된다면 앞으로 얻을 수 있는 기회는 더욱 줄어들겠죠. 영어는 이 무대의 크기를 전 세계로 넓히는 결정적인 역할을 합니다. 영어를 공부하는 진짜 이유는 바로 여기에 있습니다.

이와 같은 삶의 무대는 인터넷상에서도 굉장히 중요합니다. 전세계 인터넷 정보의 50퍼센트 이상이 영어로 되어 있습니다. 여러

인터넷에서 사용되는 언어

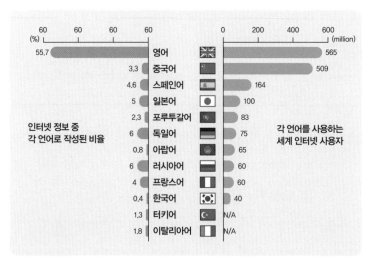

원쪽은 인터넷 정보 중 각각의 언어로 작성된 비율이고, 오른쪽은 그 언어를 사용하는 인터넷 사용자의 수치입니다.

분이 네이버나 다음과 같은 포털사이트에서 많은 정보를 찾아보지만, 전 세계적으로 한국어로 작성된 인터넷 정보는 약 0.4퍼센트에 불과합니다. 인터넷이 '정보의 바다'라고 하지만 한글만 사용한다면 그 바다의 0.4퍼센트만 활용하는 셈이죠.

　예를 들어 축구를 좋아하는 사람이 레알 마드리드 선수들의 프로필과 선수들의 변천 과정을 모두 찾아보고 싶다면, 한국어 사이트에서는 그 내용을 충분히 찾기 어렵지만, 구글에서 영어로 검색하면 단숨에 엄청난 정보가 뜹니다. 바로 그런 차이인 것입니다.

✦ 한국을 너머 세계인이 되는 법 ✦

———

저는 한때 아프리카 마다가스카르에서 사업을 운영한 적이 있습니다. 당시 이 소식을 들은 제 친구나 지인들은 "뭐? 아프리카?"라는 반응을 보였습니다. 대체 거기는 어디냐, 왜 갔느냐, 어쩌다가 거기서 사업하겠다는 생각을 하게 됐느냐 등 신기해하는 사람이 많았죠.

반대로 서울에 사는 제가 부산에서 사업한다고 하면 어땠을까요? 아마 크게 놀라지 않고 "응, 그래. 거기에 뭐 좋은 게 있나 보네. 열심히 해봐"라고 말했을 겁니다. 아프리카와 부산은 왜 이렇게 다른 느낌을 주는 걸까요?

애초에 세계를 내 삶의 무대로 생각하는 사람은 부산이나 아프리카나 크게 다르게 느끼지 않을 겁니다. 비행기를 타고 오래 가야 하는 곳, 기후나 음식이 잘 안 맞을 수도 있는 곳 정도로 생각하겠죠. 우리가 서울, 대전, 광주, 부산을 생각하듯이 서울, 하노이, 리오, 밴쿠버 등을 같은 선상에 두고 생각하는 겁니다. 한국인을 넘어 '세계인'이 되는 거죠.

하지만 생각이 우리나라에 한정되면 아프리카를 절대 부산처럼 느낄 수 없습니다. 그나마 이름을 좀 들어본 미국이나 동남아도 아니고 아프리카라니! 마치 지구를 떠나 우주로 나가는 것 같은 느낌일 겁니다.

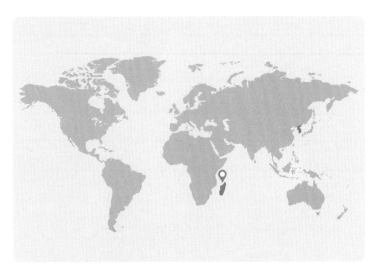

빨강색 화살표로 표시한 아프리카 대륙 동쪽 큰 섬나라가 마다가스카르입니다.

◆ 국제 감각은 타고나는 것이 아니다 ◆

────

너무 먼 나라 이야기 같나요? 하지만 저도 특별히 국제적인 감각을 가진 사람은 아니었습니다. 다른 친구들처럼 '한국에서 공부 잘하고, 한국에서 일하면 되지, 왜 힘들게 외국에 가야 하나'라고 생각했던 사람입니다. 유학을 가거나 외국에서 살아본 경험도 없었습니다. 다만, 민사고에서 영어를 공부하고 대학에서 만난 외국인 친구들과 친분을 쌓으면서 외국이 '미지의 세계'가 아니라 '생각보다 가까운 동네'라는 느낌이 들기 시작했습니다. 또 요즘 페이스북이나 인스타그램 등 SNS를 통해 외국에서 생활하는 친구들의 모습을 자주 보면서 내 머릿속 삶의 무대가 자연스럽게 조금씩 커졌던 것 같습니다.

사실 요즘은 이러한 국제 감각을 키우는 게 제가 어렸을 때보다 훨씬 쉬워졌습니다. 외국 드라마를 쉽게 볼 수 있고, 구글에서는 세계의 수많은 정보를 찾아볼 수 있으며, TV에서는 세계 방방곡곡을 안내하고 소개합니다. 외국에 나갈 기회도 예전보다 훨씬 많고, 외국인도 한국에 많이 들어와 있죠. 영어를 두려워하거나 피하지 말고 의지만 있다면 한국에서도 국제 감각을 어느 정도 키울 수 있습니다. 그러기 위해서는 최소한의 조건인 영어가 필요한 것이죠.

민사고 동기 중에 영어 영재 학원을 운영하는 친구가 있는데, 그 친구의 교육 과정 중 흥미로웠던 것이 '역사'를 '세계사'로, 그것도 영어로 가르치는 것이었습니다. 수강생인 초등학생들이 자기가 좋아하는 국가를 하나씩 골라서 그 나라의 역사를 찾아보고, 그림을 그리고 글로 부연 설명을 한 자료를 갖고 영어로 발표하더군요. 이 학생들에게 '역사'는 단순히 국사가 아니라 '세계사와 인류사'가 될 것입니다. 한 초등학생이 이탈리아의 역사를 알록달록하게 꾸며와 당차게 영어로 발표하는 모습을 보면서 저는 이 아이의 삶의 무대는 전 세계가 될 것이라 생각했어요.

초등학생들이 만든 자료입니다. 이것을 많은 사람 앞에서 영어로 발표합니다.

영어는 지나가다가 만난 외국인에게 길을 가르쳐주기 위해서, 좋은 대학에 가기 위해서, 높은 토익 점수를 받아서 대기업에 취직하기 위해서 공부하는 게 아니에요. 몇 년 후에 타국의 게스트하우스에서 호주 사람, 핀란드 사람, 모잠비크 사람들과 함께 즐기는 모습을 상상해보세요. 상상만으로도 흥분되고 재미있을 것 같지 않나요? 영어는 그래서 공부하는 겁니다.

서울, 대전, 광주, 대구라고 했을 때의 느낌과, 서울, 시드니, 방콕, 암스테르담이라고 했을 때의 느낌이 어떻게 다른지 한번 생각해봅시다. 도시 이름을 소리 내 읽으면서 느낌을 같게 맞춰봅시다. 삶의무대가 한국에서 점점 세계로 넓어질 거예요. 여기에 영어까지 잘

한다면 세계 어디든 마음 편히 나갈 수 있겠죠. 외국 여행이나 교환 학생 등의 기회가 왔을 때 영어 실력이 부족해서 포기하거나 놓치면 얼마나 아깝겠어요. 영어를 잘하면 내 삶이 좀 더 재미있어질 것 같지 않나요?

3장

수학
풀기 어려운 문제를
쉽게 바꿔주니까

◆ 수학 목차에 숨겨진 수포자의 비밀 ◆

수학처럼 학생 여러분의 사랑과 미움을 극단적으로 받는 과목이
또 있을까요. 어떤 친구는 '에이, 수학 좋아하는 사람이 어딨어요?'
라고 말하겠지만, 의외로 수학의 매력에 푹 빠진 친구도 많습니다.
반대로 '수포자'로 불리는, 아예 수학 공부를 손에서 놓아버린 친구
도 많아요. 이런 극단적인 호불호는 다른 과목에서는 찾아보기 어
려운데, 수학의 어떤 특징 때문에 이러한 일이 발생하는지, 대체 수
학은 왜 공부하는 것인지 속 시원히 이야기해드리겠습니다.

국어나 영어는 보통 중학교 1학년 과정을 제대로 공부하지 않았

어도 2학년 과정을 그럭저럭 따라갈 수 있습니다. 도덕, 기술, 가정, 음악, 미술 같은 과목도 마찬가지인데, 물론 이전 학년의 내용을 제대로 공부하지 않으면 진도를 따라가기 조금 어렵겠지만 그렇다고 완전히 못 할 일은 아닙니다.

사용하는 단어나 내용이 학년이 높아지면서 어려워지긴 해도 완전히 생소한 개념이 등장하는 건 아니거든요. 사회 과목은 학년에 따라 세계화, 주식, 민법, 행정부 등 새로운 개념이 나오지만, 이런 단어들은 평소에 인터넷이나 뉴스 등에서 접할 수 있어 완전히 낯설지는 않아요. 영어를 예로 들면, 중학교 1학년 교과서에서 배운 영어 지문을 잘 읽지 못했다고 중학교 2학년 지문을 아예 못 읽지는 않는 것처럼요.

하지만 수학은 이런 과목들과 그 성격이 매우 다릅니다. 1학년 때 내용을 알아야만 2학년 과정을 온전히 이해할 수 있고, 2학년 때 내용을 모두 알아야 3학년 과정을 공부할 수 있습니다. 이전 학년에서 꼭 배워야 할 내용을 모른다면 다음 학년에 수학 공부를 제대로 하는 건 거의 불가능합니다. 왜 그럴까요? 새로운 개념과 단어가 끊임없이 나오는 데다, 이전 내용을 다 안다고 가정하고 이를 응용하는 문제가 계속 이어서 나오기 때문이에요. 중학교 수학 교과서의 목차를 한번 볼까요?

과목이 수학이니만큼 조금 자세히 설명해볼게요. 중학교 1학년 1

중학교 수학 과정의 일부 목차를 관계도로 그려봤습니다.

학기 첫 내용은 자연수와 정수, 유리수입니다. 일단 우리가 항상 쓰는 숫자와 마이너스 숫자, 분수 등 기본적인 수의 개념을 배우죠. 2학년 1학기 첫 내용은 유리수와 순환소수인데, 1학년 때 배운 유리수, 정수, 분수를 알고 있어야 분수를 소수로 표현하는 순환소수를 이해할 수 있습니다. 그리고 3학년 1학기가 되면 무리수와 제곱근을 배우는데, 2학년 때 배운 유리수를 모르면 그 반대 개념인 무리수를 이해할 수 없어요. 또 순환하지 않는 분수인 무리수를 이해하지 못하면 제곱근의 개념을 이해할 수 없습니다.

게다가 1학년 과정 내에서도 처음 나오는 정수, 유리수를 알아야 그다음 챕터인 문자와 식, 일차식을 풀 수 있고, 이를 할 줄 알아야 다음에 나오는 일차방정식이 이해되며, 방정식을 알아야 함수를 이해할 수 있습니다. 이렇게 같은 학년 내에서도 각 챕터가 매우 긴밀히 연결되어 있기 때문에 어느 한 부분이 부족하면 연쇄적으로 모든 게 흔들립니다.

예를 들어 다음 그림처럼 2학년 연산 단항식과 다항식의 내용을 제대로 이해하지 못하면, 연쇄적으로 그다음에 나오는 방정식과 부

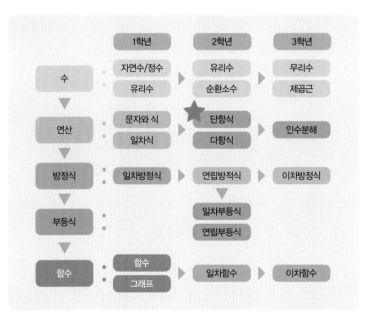

하나가 흔들리면 연관된 다른 부분까지 약해진다는 것이 수학의 특징입니다.

등식, 일차함수 및 3학년의 인수분해와 이차방정식 및 함수도 취약해지게 되는 것이죠.

즉, 해당 학년에서 내용을 숙지하지 못하고 다음 학년으로 넘어가면 전혀 이해할 수 없는 상태가 됩니다. 여기에 새로 등장하는 수식과 기호들도 한 몫을 더하는데, Σ(시그마)가 무엇을 의미하는지 모른다면 저 기호가 등장하는 이후의 내용은 하나도 이해할 수 없습니다. 한글과 숫자로 쓰여 있지만 마치 외국어를 보는 것처럼 말이에요. 예를 들어, 고등학교 2학년 과정에 아래와 같은 문제가 나왔다고 생각해봅시다.

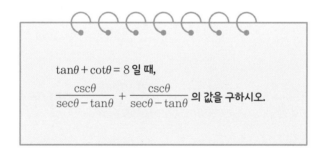

$\tan\theta + \cot\theta = 8$ 일 때,

$\dfrac{\csc\theta}{\sec\theta - \tan\theta} + \dfrac{\csc\theta}{\sec\theta - \tan\theta}$ 의 값을 구하시오.

tan, cot, θ 등에 대한 뜻과 함수에 대한 이해, 분수를 계산하는 방법 중 하나라도 모르면 이 문제는 풀 수 없습니다. 그러면 수업 시간에 선생님의 말씀이나 책에 쓰여 있는 글씨들이 외계어처럼 느껴지고, 그런 시간이 반복되면 '에라, 모르겠다' 하면서 수학을 포기하게 됩니다. 다른 과목에 비해 유난히 수학에서 포기자가 생기기 쉬운 이유입니다. 어느 한 부분만 흔들려도 그 이후의 내용에 직접적인 영향을 미치는 데다, 고등학교에서는 난도가 훨씬 높아지기 때문에 시간이 갈수록 미진한 부분을 만회하기가 더 어려워져요.

아무리 수학을 공부해도 여전히 알아듣지 못하고 성적도 오르지 않는다면, 지금으로부터 1년 전이나 2년 전 과정으로 되돌아가 모의고사 문제를 몇 개 풀어보세요. 그럼 어느 부분이 취약한지 파악할 수 있을 겁니다. 그 부분을 집중 공부하고 본래 진도로 돌아오는 것이 수학 포기를 방지하는 방법입니다. 지나간 부분을 다시 공부하는 게 왠지 지는 것 같아 자존심 상하고 진도를 나가는 것이 더 중요할 것 같지만, 오히려 짧은 시간에 실력을 쌓을 수 있는 효율적인 방법이니 절대 걱정하지 않아도 됩니다.

◆ 수학적 사고방식과 성적의 관계 ◆

이제 수학 공부를 하면 성적을 잘 받는 것 외에 미래에 어떤 도움이 되는지 알아보려고 합니다. 수학 과목을 싫어하고 어려워하는 학생이 많은 만큼, 이 과목은 좀 더 자세히 이야기하면 좋을 것 같거든요. '덧셈, 뺄셈, 곱셈, 나눗셈만 할 줄 알면 돈 계산은 다 할 수 있는데, 어려운 수학 공부는 왜 해야 하죠?'라는 의문을 가진 학생들에게 좋은 답이 될 것입니다.

수학에서만 얻을 수 있는 능력을 알기 위해서는 다른 과목과는 다른 수학만의 특징을 짚어봐야 합니다. 무엇이 있을까요? 가장 먼저 '숫자'를 다루며 '+, -, =' 등의 '기호'를 사용하고, '문제와 답'으로 이루어져 있으며 엄밀하고 논리적인 '정답'이 있다는 것입니다.

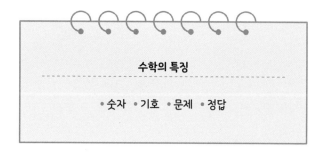

수학은 여러 현상이나 상황을 숫자와 기호를 활용해 명확하게 단순화합니다. 예를 들어 우리나라가 얼마나 발전했고 얼마나 잘 사는지, 이웃 국가인 태국은 어떠한지, 또 얼마나 빠르게 발전하고 있는지 숫자 없이 판단하는 것은 상당히 어렵습니다. "건물, 시장, 도로, 공항, 사람들의 옷차림 등을 보니 우리나라가 좀 더 잘 사는 같은데?"처럼 두루뭉술하게 대답하게 됩니다. 이는 매우 주관적이고, 사람에 따라 근거와 답이 달라질 수 있습니다.

자, 이 문제를 수학적으로 풀어보면 어떨까요? 우리나라의 1인당 국민 소득은 2019년 세계은행의 통계를 기준으로 32,114달러이고 태국은 7,520달러이므로 우리나라가 약 4.3배 더 잘 산다고 할 수 있습니다. 또 경제 성장률은 2019년 기준 우리나라가 2퍼센트, 태국은 2.4퍼센트이므로 태국이 우리나라보다 20퍼센트 더 많이 성장했다고 할 수 있겠네요. 이렇게 수학은 숫자와 기호를 통해 현상을 단순화하고 명료화하며, 이에 따라 명확한 논리를 만들어냅니다. 수학이 없다면 건물, 시장, 도로, 옷차림 등을 근거로 주먹구구식으로 판단해야 하는데, 수학 덕분에 깔끔하고 정확하게 구조화할 수 있습니다.

수학을 통한 생각의 구조화는 암기에 매우 중요한데, 만약 공부해야 할 것이 스무 개가 있으면 이를 머릿속에서 정리하고 구조화해서 열 개로 만들어 남은 열 개의 자리에 다른 내용을 채울 수 있습니다. '쟤는 어떻게 저걸 다 외우지?'라고 생각하는 공부 잘하는 친구의 머릿속은 이렇게 구성되어 있습니다. 앞에서 설명한 수학의 목차를 예로 들어볼게요.

다음 그림의 왼쪽처럼 수학 목차 전체를 머릿속에 구조화하면 지금 현재 어느 부분을 공부하고 있고 어느 부분이 취약한지, 또 어디를 공부하면 보충할 수 있는지 빠르게 판단할 수 있습니다. 반대로 목차가 머릿속에 학년별, 내용별로 구분되지 못하고 산발적으로 저

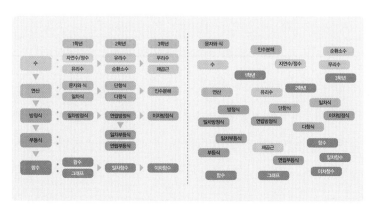

왼쪽과 오른쪽의 내용은 같지만, 왼쪽이 습득하고 이해하기 훨씬 쉽습니다. 숫자와 화살표 기호와 구조를 만들어 논리를 주었죠. 이것이 바로 수학의 위력이에요.

장돼 있다면 대체 내가 무엇을 잘하고 못하는지, 부족한 실력이 어느 부분 때문인지 파악하기 어렵습니다. 생각의 구조화는 이렇게 같은 내용도 훨씬 이해하고 암기하기 쉽게 만들어준답니다.

수학은 과목에 상관없이 공부하는 내용을 이해하기 쉽게 구조화해서 암기하는 데 직접적인 도움을 주는 역할을 합니다. '미적분 쓸 곳도 없는데 왜 공부해요?'라는 질문의 대답은 '수학적 사고력을 높여서 모든 과목의 이해와 암기력을 높이기 위함'이라고 할 수 있어요. 다른 과목들은 잘하지만 수학을 못하는 경우는 있어도, 수학을 잘하는 아이들은 대부분 모든 과목을 다 잘하는 이유가 여기에 있답니다.

✦ 수학이 풀어내는 다른 과목의 질문들 ✦

———

심지어 수학은 당장 성적을 높이는 것 외에도 앞으로 우리에게 다가올 많은 어려운 문제의 답을 쉽게 내주는 역할도 합니다. 앞서 수학은 숫자와 기호 외에, 문제와 정답이라는 특징이 있다고 말했습니다. 미래의 사회는 불확정성이 더 커지고 빠르게 변화하며, 새로운 것이 계속 나타나고, 지금껏 존재하던 것들이 사라지게 됩니다. '이세돌을 이긴 알파고를 어떻게 활용할 것인가?'와 같은 새로운 문제가 끊임없이 나타나고, 이를 풀어내는 사람이 성공하는 사회가 됩니다.

유명한 구글의 면접 문제를 몇 개 알려줄게요. 이 문제들 중에는 더 이상 나오지 않는 것도 있지만 구글의 최고 성장기 때 아래의 문제들로 직원을 선발했다고 하니, 여러분이 지원자라면 어떻게 대답

Q. 도시를 하나 골라 그 도시에 피아노 조율사가 몇 명이나 일하는지 추정해보세요.

Q. 우리나라에서는 매년 몇 개의 청소기가 만들어질까요?

Q. 버스에는 골프공이 몇 개나 들어갈까요?

할지 생각해보면 좋을 것 같아요.

위 질문에 대한 답은 인터넷을 찾아보거나 정확한 통계를 보기 전에는 절대로 답을 알 수 없는 질문들입니다. 그런데 구글에서는 왜 이런 면접 문제를 냈을까요? 답이 없는 어려운 문제를 접했을 때 적절한 해답을 얻기 위해 어떻게 나의 수학적 사고력을 활용하는지를 파악하기 위함입니다. 두 번째 질문 '우리나라에서는 매년 몇 개의 청소기가 만들어질까요?'라는 문제는 어떻게 정답으로 접근해 갈 수 있을까요? 예를 들면 이런 방식입니다.

① 우리나라 각 가구의 70%는 청소기를 한 대씩 가지고 있을 것이다.

② 우리나라 인구가 5천만 명인데 1~3인 가구 기준으로 약 2천만 가구가 있을 것이다.

③ 청소기를 한 번 사면 약 7년 정도 쓰고 새로 살 것이다.

④ 따라서 2천만 가구 × 70% ÷ 7년 = 200만 대의 청소기가 매년 필요할 것이다.

이외에도 수출량이나 수입량 등 고려할 수 있는 부분이 많을 겁니다. 다만 기본적으로 구글에서 원하는 것은 이렇게 답이 없는 문제를 숫자와 기호, 문제와 정답이라는 수학적 특성과 논리를 활용하여 어떻게 그것을 정답에 가깝게 풀어가는가에 대한 사고력이에요. 이는 구글뿐만 아니라 대학 입시 면접에서 비슷한 방식으로 출제되기도 합니다.

수학은 이렇게 이해력과 암기에 도움을 줄 뿐만 아니라 인생에서 만나는 답이 없는 여러 문제에 해답을 줍니다. 방정식을 공부해서 어디에 쓰냐면, 이렇게 모든 과목의 성적 향상과 인생의 어려운 문제를 풀기 위한 사고력 향상에 쓰는 겁니다. 신기하죠? 수학은 내 삶에서 알게 모르게 엄청난 도움을 주는 좋은 과목이었답니다.

4장

과학
모든 과목 공부에
활력을 불어넣어주니까

· 과학은 신기한 것들을 가지고 노는 것 ·

저는 과학을 좋아했습니다. 어릴 적부터 주변에서 발생하는 현상들이 신기했고, '왜 그럴까?'를 생각하는 게 재밌었습니다. 비가 온 뒤 보도블록 사이를 돌아다니던 달팽이, 밤에는 분명히 오므려져 있었는데 아침에 다시 활짝 핀 나팔꽃, 몇 년 동안 길렀던 올챙이와 개구리, 배추 속에서 나온 애벌레를 번데기를 거쳐 나비가 될 때까지 키우고 놓아주었던 경험 등 그때의 놀라움과 신비함은 이루 말할 수 없었습니다.

이 경험들은 그 자체만으로도 재미있었지만, 과학 만화책 등을 보며 그 이유와 과정을 깨닫게 되었을 때는 더 놀라웠습니다. 어렸을 때 집에서 자주 보았던 과학 만화책과《과학동아》같은 어린이 잡지가 제 호기심을 유발하고 충족하는 데 도움이 되었던 같아요. 자연스럽게 '이건 왜 이럴까?'라는 질문이 몸에 배었던 것이죠.

과학이란 무엇일까요? 물리, 지구과학, 생물, 화학 공부라고 생각하는 학생이 많겠지만, 사전에서 그 뜻을 찾아보면 '보편적인 진리나 법칙의 발견을 목적으로 한 체계적인 지식'이라고 나옵니다. 쉽게 말하면 과학은 주변에서 일어나는 수많은 일의 이유와 원리를 찾는 것입니다. 결국 '왜?'에 대한 답을 찾는 학문이죠. 사과가 나무에서 떨어지는 현상을 보고 뉴턴은 그 이유가 지구와 사과가 서로를 당기기 때문이고, 모든 것은 서로 잡아당기는 힘이 있다는 만유인력의 원리를 밝혔습니다. 이렇게 겉으로 드러난 현상의 숨은 원인과 원리가 무엇인지 찾는 과정이 바로 과학입니다.

언젠가 길을 걸어가다가 광고 전단을 한 장 받았는데, 내용이 눈에 쏙 들어와 '왜 이 전단의 광고가 유독 눈에 띌까?' 생각해본 적이 있습니다. 다른 전단은 디자인이 복잡해서 대체 뭘 말하려고 하는지 빨리 알아채지 못했는데, 그 전단은 딱 한 문장으로 되어 있고 더 궁금한 게 있으면 인터넷으로 검색하라고 쓰여 있더군요. 사람들이 전단을 받으면 1~2초 정도만 본다는 걸 고려해 복잡한 내용은 모두 빼고 한 문장으로 정리한 것입니다. 그때 저는 '나중에 발표 자료

를 만들 때 자료를 보는 시간을 고려해 글의 분량을 조절해야겠다'
고 생각했습니다. 길을 가다가 받은 전단 하나에 새로운 것을 배우
고 익힌 거죠. 이런 게 바로 공부랍니다.

그냥 보고 넘길 수도 있는 전단을 공부로 연결한 결정적인 계기
는 바로 '왜?'라는 질문입니다. '왜 이 전단만 눈에 잘 들어오지?',
'이 전단에 적힌 내용은 왜 흥미롭지?'라는 호기심이 그다음의 배움
과 익힘의 과정을 이끌어냈던 거예요. '왜'의 과정이 없었다면 단순
히 '이 전단은 뭔가 괜찮네' 하고 넘겼겠지만, '왜'라는 과정을 거치
며 그 이유를 궁금해하고 답을 찾은 겁니다.

◆ 과학은 공부 스트레스를 덜어준다 ◆

보통 주변에 공부 좀 하는 친구들을 크게 두 부류로 나누면, 국어
를 잘하는 친구와 과학을 잘하는 친구로 나뉩니다. 대개 국어를 잘
하면 문과를 택하고 과학을 잘하면 이과를 택하지요. 앞서 국어 공
부의 목적을 설명하면서 국어를 잘하면 같은 시간을 공부해도 더
많은 내용을 습득할 수 있어 전반적으로 성적이 높아진다고 이야기
했죠. 그럼 과학은 어떨까요?

과학에 흥미를 갖고 열심히 공부하면, 공부에 대한 스트레스가

줄고 누가 시키지 않아도 스스로 공부를 찾아서 하게 됩니다. 과학은 자연 현상의 이유를 찾는 '왜'의 과목이라고 했는데, 이 호기심은 누가 시켜서 생기는 게 아니라 스스로 궁금하고 알고 싶기 때문에 생깁니다. 이 호기심을 풀기 위해 자발적으로 새로운 것을 찾고 답을 알아내기 위해 고민합니다. 그리고 그 과정은 하기 싫은 공부 시간이 아니라 새로운 것을 발견하는 즐거운 시간이 되지요.

좋아하는 아이돌 가수가 언제 컴백하는지, 올해 프로야구 선수 트레이드는 어떻게 되는지, 새로 나온 틴트 컬러의 발색은 어떤지 알아보는 건 재미있죠? 그것이 학업이든 뭐든 '왜'라는 호기심을 해결하기 위해 새로운 지식을 찾아보고(배움), 답을 내기 위해 고민하는 과정(익힘)은 그 자체만으로 즐겁고, 그래서 이 모든 게 공부가 될 수 있는 것입니다.

과학은 본질적으로 이러한 과목입니다. 그래서 과학을 잘하고 흥미를 느끼면 스스로 공부를 찾아서 하게 되고, 공부에 대한 스트레스와 부담이 자연스럽게 줄어들죠. 공부가 재미있다고 말하는 친구들을 잘 살펴보세요. 보통 과학을 좋아하고 또 잘할 겁니다. 과학이 공부를 재미있게 만들어주기 때문입니다.

• 과학 과목만 실험을 하는 이유 •

궁금증은 실제 현상을 접하면서 자연스럽게 생깁니다. 생전 처음 보는 것, 눈에 띄게 아름다운 것, 신기한 것을 보면 '와, 대체 이건 뭐지? 어떻게 이럴 수가 있지?' 하면서 호기심이 생깁니다. 특히 자연 현상에 대한 직접 경험이 중요한데, 물리, 화학, 생물, 지구과학 등은 모두 자연 현상에 대한 학문이죠? 자연은 우리가 단순히 머릿속으로 생각하는 수준을 훨씬 뛰어넘어 수많은 신기한 현상을 보여줍니다. 그런 것들을 통해 자연스럽게 호기심을 느끼고, 이유를 알고 싶어집니다.

요즘은 야외활동을 하기보다는 실내에서 게임이나 스마트폰 앱 등에 시간을 많이 쓰죠. 그러다 보니 새로운 현상에 흥미를 느낄 수 있는 기회가 많이 줄었습니다. 다행인 것은, 반대로 인공적이긴 하지만 이런 경험을 할 수 있는 프로그램과 장소가 늘었다는 점입니다. 농촌 체험 프로그램이나 도시 근처에 조성해 놓은 텃밭 가꾸기, 아파트 단지 주변에 조성된 공원과 정원을 잘 활용하면 자연에서 발견할 수 있는 흥미로운 것들이 많아진답니다.

수업 시간에 하는 과학 실험도 좋은 경험이 될 수 있습니다. 실제로 무언가를 녹이고, 끓이고, 키우고, 해부하는 과정에서 새로운 현상에 대한 호기심과 흥미가 생길 수 있어요. 성적에 반영되지 않는 실험은 넘기고 책만 보지 말고, 실험 시간에 집중해보세요. 실험을 통해 이해한 내용은 절대 잊어버리지 않으므로 암기에 도움이 됩니다. 물리, 화학, 생물, 지구과학 모두 실제 자연을 다루는 과목이므로 눈으로 보고 손으로 만지면서 이해하는 것과 책, 그림, 이미지, 동영상으로만 보는 것은 큰 차이가 납니다. '백문이 불여일견'이라는 말이 있죠? 책을 읽고 동영상을 보는 것보다 한 번 실제로 보고 느끼는 것이 과학 공부에 훨씬 도움이 됩니다. 적극적으로 실험하고 경험해보세요.

◆ 사회 과목에 '왜'라는 질문을 붙이면? ◆

그럼에도 '저는 정말 자연과학은 흥미가 없는데, 어쩌죠?'라고 묻고 싶은 사람이 있을 겁니다. 이런 친구들을 위해 '사회과학'에 대해 이야기해보려고 합니다. 이과가 적성이 아닌 친구들도 과학이라는 개념에 좀 더 친숙하게 다가갈 수 있을 거예요.

사회면 사회고 과학이면 과학이지 사회과학은 대체 뭘까요? 간단합니다. 사회 현상에 대한 이유와 원리를 찾는 공부가 사회과학입니다. 예를 들어 요즘 '틱톡'이라는 SNS 플랫폼이 인기를 끌고 있는데요, 이러한 사회 현상의 이유를 밝히는 것이 사회과학입니다.

이는 실제 입시 면접 및 논술 문제와 관련이 깊습니다. 예를 들어 '15초 분량의 짧은 영상 클립을 공유하는 틱톡이 유행하는 이유와 인터넷 문화의 관계에 대해 서술하시오'라는 문제는 충분히 나올 법합니다. 그리고 이런 문제는 평소에 사회 현상에 관심을 갖고 '왜 그럴까?'를 생각하고, 찾아보고, 연구하는 학생에게 유리하겠죠. 수동적으로 시키는 공부만 했다면 이 문제에 답하기 매우 어려울 거예요. 주어진 공부를 하기에도 빠듯했을 텐데, 각종 사회적 이슈에 대해 생각해볼 시간이 부족했을 테니까요. 하지만 현재 특목고나 명문대 입시 면접 및 논술 문제가 사회 현상의 원리와 이유를 밝히는 사회과학 분야에서 많이 나오고 있는 것이 사실입니다.

이과는 적성이 아니어서 자연과학에 부담을 느낀다면 사회과학의 방식으로 '왜'라는 의문을 갖고 답을 찾는 훈련을 해보세요. 자연과학을 좋아하는 친구들과 마찬가지로 공부에 활력이 생기고 더 재미있어질 거예요. 공부 스트레스가 줄어드는 건 물론이고요.

문득 제가 서울대학교 건축학과 입시 면접을 볼 때 교수님 세 분께 받았던 질문 중 하나가 생각납니다. '단일민족 국가와 다민족 국가의 차이와 장단점, 어떤 것이 더 유리할지 자신의 의견을 밝혀라'였습니다. 사회과학의 '왜'를 물어보는 질문이죠. 여러분이라면 어떻게 대답했을까요?

5장

사회
내 삶에 실질적인
도움을 주니까

◆ 지식으로 삶을 풍요롭게 만드는 과목 ◆

사회는 외울 것이 많은 과목이죠. 알아야 할 것도 많고 생소한 단어도 자주 나옵니다. 그래서 국사, 일반 사회, 지리, 경제 등을 암기 과목이라고 생각하는 학생이 많습니다. 달달 외워서 시험에서 점수를 잘 받고, 그다음엔 잊어버려도 된다고 생각하는 학생도 있습니다. 공부할 건 많은데 뭔가 남는 게 없는 느낌이 든다고 할까요. 그래서 사회에 흥미를 잃는 경우가 생기는 것 같습니다. 사회는 정말 재미없고 외울 것만 많은 과목일까요? 사실 사회야말로 나중에 여러분이 잘살 수 있도록 도와주는 매우 실질적인 과목입니다.

국영수과 등의 기초 과목이 지적 능력의 트레이닝이라면, 사회 과목은 이를 바탕으로 한 실전이라고 할 수 있습니다. 예를 들어 수학에서 덧셈, 뺄셈, 곱셈, 나눗셈을 배웠다면 사회 경제 과목에서는 이를 바탕으로 주식이란 무엇이고, 어떻게 이를 사고파는지, 가격은 어떻게 결정되고 어떻게 돈을 벌 수 있는지 등을 배웁니다. 덧셈과 뺄셈 자체를 아는 것에서 더 나아가, 이 수학을 바탕으로 돈을 다루는 경제를 공부하면 우리 생활에 보다 직접적인 도움을 얻을 수 있습니다. 사회는 이렇듯 삶에 현실적이고 실질적인 도움을 주는 지식을 배우는 과목입니다.

저도 초등학생일 때 사회과부도를 열심히 공부했는데요, 우리나라의 지리와 각 지방의 특징, 특산물, 기후 등을 열심히 외워서 시험을 봤습니다. 하지만 지금은 거의 기억이 나지 않습니다. 가끔 어떤 도시가 충청도에 있는지 강원도에 있는지 헷갈릴 정도입니다. 암기와 실생활의 적용에 괴리가 있기 때문이에요.

유난히 기억에 남는 사회과부도 내용 중에 속초의 특산물이 오징어라는 내용이 있습니다. 이것을 외워서 아는 것도 중요하지만, 궁극적인 목적은 시장에 가서 오징어를 살 때 같은 값이면 속초에서 난 오징어를 사고, 속초에 놀러 가면 오징어로 만든 요리를 먹고, 혹은 속초에서 사업을 할 예정이라면 아이템으로 오징어를 고려하는 실질적인 것이겠죠. 단순히 '속초 특산물 = 오징어'로 암기하면 실

생활에 와닿지 않기 때문에 시간이 지나면 공들이 어디론가 데굴데굴 굴러가듯이 지식이 머릿속에서 사라지게 됩니다. 하지만 속초에서 정말 맛있는 제철 오징어를 한 번이라도 먹어봤다면, 속초의 특산물이 오징어라는 사실을 절대 잊지 못할 걸요? 사회는 한마디로 '어떻게 지식을 활용해서 내 삶을 더 좋게 만들지?'를 생각하며 공부하는 과목입니다.

◆ 내 가치가 높아질수록 수입은 늘어난다 ◆

계속 속초의 예로 이야기해봅시다. 서울에서는 구하기 어려운 속초 오징어를 속초에서 만 원에 사와서 서울에서 이만 원에 팔면, 사람들이 너도나도 사려고 할 겁니다. 장사는 잘 되고 돈도 많이 벌 수 있습니다. 반면 어디에서나 구할 수 있는 상추를 천 원에 사와 이천 원에 팔면 어떻게 될까요? 다른 지역에서 온 상추보다 품질과 가격 경쟁력이 떨어지니 아무도 사려고 하지 않을 겁니다.

전자가 돈을 더 잘 벌 수 있는 건, 서울 사람들이 접하기 어려운 좋은 품질의 싱싱한 오징어를 속초에 가지 않고도 쉽게 구매할 수 있는, 유통의 가치가 높기 때문입니다. 그 사람들이 느낀 가치가 돈으로 돌아오는 것입니다. 이렇게 사회적인 가치가 무엇이고, 어디에 있는지를 공부하는 게 바로 사회 과목입니다.

자, 아직도 사회를 단순한 암기 과목이라고 생각하나요? 사회는 이렇듯 사회적 관계와 상황을 이해하고 어떻게 내 삶에 실질적인 도움을 줄 수 있는지 그 방법을 제시하는 실전 과목입니다.

혹시 베트남의 커피 산업이 상당히 크다는 사실을 아나요? 여러분 중 누군가 커피에 관심이 많고 그와 관련한 사업을 해보고 싶다면 베트남으로 갈 수도 있습니다. 스타벅스는 이탈리아의 카페 문화를 보고 돌아온 미국인 창업자가 그동안 커피콩을 볶아 팔던 가게를 카페로 만들면서 처음 시작되었죠. 사회에 대한 이해가 있으면 누구나 도전할 수 있고, 이것을 가능하게 만드는 것이 바로 사회 과목입니다.

최근에 배웠던 사회 과목 내용 중 생활에 적용할 수 있는 것들을 한번 생각해보는 것도 재미있을 것 같습니다. '이거 다 외워야 하는 것들뿐인데' 하면서 괴로워하지 말고, 내 인생에 어떤 실질적인 도움을 줄 수 있을지 생각하면서 현실에 접목하는 놀이를 하다 보면 시간이 지나면서 사회 과목에도 공부자존감이 커질 겁니다.

마지막으로 사회 과목을 잘하기 위한 팁을 드릴게요. 사회 과목은 주로 언어, 특히 긴 줄 글로 공부하죠. 새로운 단어도 많이 나오는데 경제, 국제 관계, 지리 등을 보면 은근히 전문적인 단어가 많습니다. 주식, 법인 등 신문에는 자주 등장하지만 개념을 설명해보라고 하면 쉽게 입이 떨어지지 않는 그런 단어가 계속 나타납니다.

사회를 잘하려면 사회 과목에 나오는 단어의 의미를 정확하게 찾아보세요. 이해하기가 훨씬 쉬워집니다. 그러기 위해서는 먼저 국어를 잘해야 합니다. 국어 실력이 떨어지면 사회 과목의 그 긴 글과 어려운 단어를 이해하기가 매우 벅찹니다. 특히 고등학교 후반이 되면 사회 과목 내용 자체의 난도가 상당히 높아지기 때문에 그 전에 국어 실력을 키워 놓고 모르는 단어는 바로바로 찾아보는 습관을 기르는 것이 실력 향상에 도움이 됩니다.

6장

도덕
바르게 사는 방법을
쉽게 알려주니까

✦ 귀담아듣는 것이 습득의 첫걸음이다 ✦

———

혹시 시험 기간에 필기 노트를 빌려달라는 친구의 말에 고민해본 적이 있나요? 나도 빨리 시험 공부를 해야 하는데 평소 열심히 필기해둔 노트나 교과서를 흔쾌히 빌려줘도 될지 고민되곤 하지요. 이것은 꽤 현실적이고 민감한 고민일 수 있습니다.

이 고민을 좀 넓은 시각에서 보면, 친구와의 경쟁에서 이겨야 공부를 잘하고 잘 살게 되는 건지, 서로 돕고 친하게 지내야 공부를 잘하고 잘 살게 되는 건지를 고민하는 도덕적인 문제라고 할 수 있습니다. 경쟁과 협력 중 어떤 방식으로 살아야 하는지에 대한 이야기예요. 또 이것은 도덕 공부의 필요성에 관한 이야기이기도 해요.

제게는 여러 은사님이 계시는데, 그중 한 분인 대학 교수님께서 어느 날 이렇게 말씀하셨습니다. "공부를 잘한다는 것은 남의 말을 잘 듣는 것이다." 그때 '아, 정말 맞는 말씀이다'라고 생각했는데요, 같은 맥락에서 어른들은 늘 "선생님 말씀 잘 들어라" 하고 다른 사람의 말을 귀담아듣는 걸 강조합니다. 이 '귀담아 잘 듣는다'는 내용을 조금 확장해 공부의 측면에서 생각하면 도덕을 공부하는 이유가 나옵니다.

여러분이 공부하면서 가장 많은 시간을 할애하고 집중하는 때가 언제일까요? 아마 수업 시간일 거예요. 그럼 학교든 학원이든 과외든 수업 시간에는 보통 무엇을 하죠? 선생님의 말씀을 듣습니다. 인터넷 강의도 마찬가지고요. 스스로 책을 보면서 공부하는 것 못지않게 수업 시간에 선생님의 말씀을 듣는 건 매우 중요하고 효과적인 지식 습득의 방법입니다. 어른들이 "나중에 따로 공부할 생각 말고 수업 시간에 잘 듣는 게 제일 좋은 방법이야"라는 말씀이 괜히 하는 얘기가 아닙니다.

즉, 귀담아 잘 듣는 것이 공부를 잘하기 위한 조건, 지식 습득의 첫걸음인 것입니다. 그런데 이 귀담아 잘 듣는 것이 그 사람의 도덕성과 성품에 좌우된다고 합니다.

• 마음이 넓은 사람이 귀담아듣는다 •

보통 학교에서 선생님과 친구들이 모두 좋아하는 친구, 학교생활을 잘하는 친구는 남의 말을 잘 듣고 이해해주는 성격을 지녔습니다. 주변에 친구도 많고 무리의 리더로 자주 추천되기도 하죠. 이런 친구들은 주변 인물이나 상황에 대한 수용도가 높다고 할 수 있습니다. 수용도란 주위 사람이 내게 어떤 말을 했을 때, 그 말을 귀담아듣고 받아들여 자기 것으로 만드는 것을 말합니다. 자기 고집이나 욕심이 적은 친구는 다른 사람의 말을 의심하거나 계산하지 않고 쉽게 받아들이고 이해합니다.

반대로 이기적이어서 남의 말을 듣지 않고 자기 말만 하는 사람은 시간이 지나면서 친구들과 멀어지고 미움을 사게 됩니다. 이런 사람은 타인의 말을 듣지 않고 자기 생각대로 판단하는 경향이 있습니다. 모든 것을 자기 기준에서 판단하고 평가하기 때문에 다른 사람을 의심하거나 무시합니다. 친구가 말을 꺼내면 "내 생각에 그건 아닌 거 같아"라고 자주 말하는 사람은 귀로는 듣는 척하면서 마음으로는 받아들이지 못하는 겁니다.

자, 위의 이야기를 수업 시간에 대입해볼까요? 평소에 남의 말을 잘 듣고 이해하는 넓은 마음을 가진 친구는 이미 '귀담아듣고 수용하여 내 것으로 만드는 과정'을 잘하기 때문에 수업 시간에 선생님의 말씀을 자연스럽고 빠르게 자기 것으로 습득합니다. 반대로 평소에 자기 생각만 하고 다른 사람의 말을 듣지 않는 학생은 무언가를 듣고 이해하는 훈련이 잘되어 있지 않아, 수업 시간에 선생님 말씀을 잘 듣지 않고 자기 것으로 만드는 능력도 떨어집니다. 속으로 '아 뭐래. 저 선생님 목소리랑 말투 너무 마음에 안 들어'라고 생각하면서 귀를 닫아서일까요.

이렇게 다른 사람의 말을 계속 듣지 않으면 본인에게 흡수되는 지식의 양이 줄어 공부를 절대 잘할 수 없습니다. 선생님뿐만 아니라 주변에서 다양한 지식을 건네도 마음대로 판단하고, 받아들이지 않기 때문에 지적 성장이 더뎌지는 것이죠.

◆ 나를 낮추면 더 많은 걸 배울 수 있다 ◆

공부를 잘하고 싶다면, 남을 밟고 올라서겠다는 생각은 도움되지 않습니다. 상대를 누르고 내가 올라가겠다는 경쟁의 마음을 가지면 자꾸 나를 높이고 다른 사람을 낮추려는 경향이 생겨서 '아닌데, 내가 맞고 너는 틀렸어'라고 생각하게 됩니다.

제가 공부는 새로운 것을 배우고 그것을 자기 것으로 익히는 것이라고 말했는데, 이런 마음가짐이라면 내가 상대보다 낫다고 생각하기 때문에 다른 사람의 말을 듣고 배울 수 없습니다. 내가 부족하고 못하면 지는 거라고 생각하죠.

공부를 잘한다는 것은 결국 '나보다 우수한 어른이나 친구의 이야기를 얼마나 잘 듣고 읽고 수용하는가'에 달렸습니다. 협력의 마음을 가진 친구는 남을 말을 잘 들어주고, 이해하고, 수용하기 때문에 선생님을 포함한 많은 사람의 이야기가 모두 그 사람에게는 지적 성장의 양분이 됩니다. 공자는 논어에서 이렇게 말했습니다.

三人行, 必有我師焉. 擇其善者而從之, 其不善者而改之.
삼 인 행 . 필 유 아 사 언 . 택 기 선 자 이 종 지 . 기 불 선 자 이 개 지 .

나를 포함한 세 명이 있을 때, 그중 나보다 현명한 사람에게는 배우고, 나보다 현명하지 못한 사람은 나 자신을 비추어 보는 거울로 삼으라는 뜻입니다. 한마디로 세상 모든 것들이 나를 가르치는 스승이라는 뜻입니다. 도덕적인 협력의 마음을 가지고 남의 말을 잘 듣고 수용하는 친구는 수업 시간에 선생님의 말씀을 잘 듣는 것뿐만 아니라 언제 어디서든 무언가를 배울 준비가 되어 있습니다.

여기서 주의할 점은 수용은 남의 말을 무조건 다 들어주고, '허허허' 하는 바보가 되라는 의미가 아닙니다. 타인의 말을 잘 들어주고,

공감하고, 이해하고, 협력하는 마음을 가지라는 것입니다. 누군가 "이거 좀 줄래?"라고 했을 때 "허허, 그래 다 가져가"라고 하는 것이 아니라, "이것이 왜 필요하니? 내가 뭘 도와줄까?" 하면서 상대의 상황을 파악하고 마음을 이해하라는 뜻입니다. 본인에게 피해를 끼치면서까지 밑도 끝도 없이 다 주라는 말은 아니니 오해는 마세요.

여기서 잠깐, 그렇다면 우리는 왜 경쟁에서 승리하는 것을 미덕으로 여기고 옳다고 생각할까요? 수십 년 전 우리나라는 6·25 전쟁과 분단을 겪었고, 싸워서 이기는 것을 중요하게 생각했습니다. 응원할 때 "힘내라 힘, 힘내라 힘. 싸워서 이겨라"라는 노래를 불러 본 적이 있는지 모르겠습니다. 또 전쟁과 이념의 문제를 넘어 경제적으로도 매우 불리한 위치에서 다른 나라와 치열한 경쟁을 벌여야 했던 상황이었죠. 그래서 경쟁하고 이기는 것이 곧 생존 자체를 의미했고, 그만큼 절박했습니다.

그러다가 1980년대 이후부터 조금씩 '서로 도우면 다 같이 잘된다'라는 협동과 협력의 가치관으로 교육의 방향이 바뀌기 시작했습니다. 상대를 끌어내리는 경쟁이 아니라 서로 도우면서 같이 잘되자는 협동이 더 바람직한 가치로 인식되기 시작한 것이죠. 그런데 이 이전 세대에 교육을 받은 분들이 현재의 부모님이나 선생님 세대인 40~60대이기 때문에 그 이후의 교육을 받은 세대들과 경쟁과 협력 중 어떤 것이 더 바람직한지에 대해 의견 충돌이 생긴 것입니다.

저는 앞으로 협동과 협력이 미래 사회에서 더 효과적으로 작용할 것이라고 생각합니다. 전체적인 공부의 방향도 그쪽으로 변화하고 있고요. 짧게 보면 경쟁에 이기는 것이 내가 더 잘되는 것처럼 보일 수 있으나, 장기적으로 그러한 마음가짐은 지속적인 발전에 장애가 됩니다.

◆ 도덕은 자기 성장을 위한 과목이다 ◆

지금까지의 내용을 정리하면 '공부를 잘하기 위해서는 수업 시간에 선생님의 말씀을 잘 듣는 것이 중요하다. 그런데 서로 돕는 협동의 가치를 배운 친구는 다른 이의 말을 잘 듣고 수용하고 이해한다. 따라서 협동의 가치를 믿는 친구가 공부를 잘할 가능성이 더 높다'고 할 수 있습니다.

물론 성품이 좋고 마음이 넓다고 해서 모두 우수한 성적은 내는 건 아닙니다. 단, 다른 사람의 말을 귀담아듣는 것은 분야를 막론하고 자기 성장에 반드시 도움이 된다는 사실을 말씀드리고 싶습니다. 도덕 과목은 사실 이러한 가치관을 깨닫기 위한 것이고, 그래서 공부하는 겁니다. 공자, 맹자, 데카르트가 말하는 철학도 결국은 '인간은 어떻게 더 올바르게 살 것인가'에 대한 고민의 결과물이죠.

협동이 아닌 경쟁의 가치관을 지닌 친구들은 상대를 낮추고 자신을 높이려 하기 때문에 잠깐은 빛을 볼 수 있고, 학교에서는 소위 '잘나간다'고 보일 수 있습니다. 하지만 장기적으로 보면 주변에서 그 친구를 생각해주는 진정한 친구들은 떨어져 나갈 것이고, 지적 습득의 경험이 줄어 정작 어른이 되었을 때 실력이 부족해질 수 있습니다. 반대로 주변의 말을 귀담아듣고, 협력할 줄 아는 사람은 성인이 되어서도 결국 잘된다는 사실을 곧 경험하게 될 겁니다. 항상 주변 사람들에게 '아니'라고 했다면, 한번 '그래'라고 해보세요. 작은 변화지만 큰 도움이 될 수 있습니다.

도덕은 암기 과목이 아닙니다. 도덕을 '옳은 말을 답으로 고르면 성적 잘 나오는 과목'으로 생각하며 도덕 공부의 필요성을 느끼지 못했던 친구들에게 새로운 관점을 제시한 글이 되었길 바랍니다.

.....

7장

음악
정답의 감각을
키워주니까

• 음악은 수학이다 •

노래 부르기를 좋아하는 친구들을 주변에서 쉽게 볼 수 있죠? 가수가 꿈이거나 노래방에 가는 게 취미인 친구, 또 아이돌 가수를 보기 위해 방송국에 달려가는 친구가 한 반에 몇 명은 꼭 있을 거예요. 음악은 어디서든 쉽게 들을 수 있고, TV를 켜거나 인터넷 창만 열어도 쉽게 접할 수 있는, 우리 생활에서 빼놓을 수 없는 문화 중 하나라고 할 수 있습니다.

하지만 과목으로서 음악은 중요한 역할을 하지 못하는 것 같아요. '예체능'이라는 이름으로 묶여서 미술, 체육과 비슷하게 인식됩니다. 시험 때가 되면 가장 먼저 자습으로 바뀌는 과목이랄까요. 그만큼 중요도가 낮게 평가되고 있는데, 결국은 수능과 면접 문제에 나오지 않기 때문이겠죠. 그런데 음악을 공부하면 기분이 좋아지고, 귀가 즐거운 것 외에 수학을 잘하게 된다는 사실을 아세요? 또 표현력과 감각이 좋아져서 글을 잘 쓰고 말을 조리 있게 하게 된다는 점 역시 처음 들을 겁니다.

음악은 참 신기합니다. 갓난아기도 듣기 좋은 음악과 화음에는 긍정적으로 반응하고, 불협화음과 어두운 음악에는 인상을 찌푸립니다. 음악에 대한 감각은 후천적으로 발달하기도 하지만, 태어날 때부터 기본적으로 가지고 있는 본성이라고도 할 수 있어요. 자연스럽게 좋은 음악을 느끼고 이해할 수 있죠. 왜 그럴까요?

이는 음악에 숨어 있는 매우 수학적이고 과학적인 이유 때문입니다. 음악을 구성하는 각각의 소리가 파장이라는 것은 과학 시간에 배웠을 거예요. 유리잔을 '땡~' 하고 쳤을 때 나는 소리는 유리잔에서 발생한 충격이 주변 공기를 흔들면서 일정한 파동을 만들고, 그것이 귀에 전달되어 고막을 두드리면서 느껴지는 것입니다. 그리고 음악은 이 소리의 파동들을 서로 합치고 나누고, 강약을 조절해 만들어집니다.

혹시 '도레미파솔' 음높이의 표준이 국제적으로 정해져 있다는 사실을 아나요? 기준이 있어야 수많은 악기를 동시에 연주하는 오

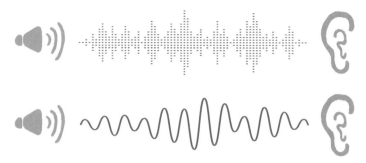

소리를 그림으로 표현하면 이런 모양이 됩니다.

케스트라 연주자들도 서로 음을 조율하고 맞출 수 있겠죠. 그래서 리코더의 '도' 음과 유럽 오스트리아에서 만든 바이올린의 '도' 음은 음높이가 같습니다. 이 모든 음의 기준이 되는 표준음은 피아노 건반을 기준으로 중간보다 약간 오른쪽에 있는 '라' 음인데요, 정확히 'A4'(4옥타브) 음이라고 할 수 있습니다.

재미있는 건 이 음이 어딘가에 소리로 녹음되어 표준음으로 지정된 것이 아니라, 수학적으로 정해져 있다는 사실입니다. 정확히 파장 440헤르츠를 가지는 음으로 말이죠. 헤르츠(Hz)란, 1초에 파동이 몇 번 오르락내리락하느냐를 말하는데, 440헤르츠는 1초에 이음의 음파가 440번 오르락내리락합니다. 이 음을 기준으로 다른 모든 음의 높이와 파장이 결정되는데, 놀라운 건 이 모든 게 철저하게 수학적으로 정해져 있다는 겁니다.

음은 높아질수록 더 빠른 파동을 갖습니다. 그렇다면 방금 말한

피아노 건반을 기준으로 중간에서 약간 오른쪽에 있는 A4가 세계 표준음입니다.

기준 음보다 반음 높은 '라#(A4#)'은 얼마나 빠른 파동을 가질까요? 앞의 그림에서 보면 '라#(A4#)'은 466.16헤르츠니까 계산하면 466.16헤르츠÷440헤르츠=약 1.06배 빠르다는 것을 알 수 있습니다. 그럼 하나 더 위의 음인 '시(A5)'는 어떨까요? 466.16헤르츠로 나누면 493.88헤르츠÷466.16헤르츠=약 1.06이 나옵니다. '라#'과 같은 수가 나왔습니다. 이런 식으로 바로 위의 음과 아래 음의 차이를 나눠보면 같은 1.06이 나옵니다. 다시 말해 반음씩 올라간다는 건 1.06배만큼 파장이 빨라진다는 것이죠.

이렇게 계속 반음씩 올라가다가 한 옥타브 높은 음이 되면 파장은 정확히 두 배가 됩니다. 기준음인 '라(A4)'보다 한 옥타브 높은

옥타브가 하나씩 높아질 때마다 파장은 두 배로 빨라집니다.

'라(A5)' 음의 파장은 880헤르츠이죠? 정확히 기준 음인 440헤르츠의 두 배입니다. 한 옥타브는 열두 개의 반음으로 이루어져 있어 1.06을 12번 곱하면 2가 됩니다(반올림에 의한 오차는 넘어가도록 하죠). 우리가 무심코 듣고 느끼는 음은 이렇듯 완벽하게 수학적으로 계산된 것입니다.

◆ 수학적으로 나누어떨어지는 음끼리 화음이 된다 ◆

정말 신기한 건 지금부터입니다. 이렇게 옥타브가 한 단계 높아지면 파장은 두 배 빨라지기 때문에 동시에 두 음을 쳐도 파장이 정확히 맞아떨어집니다. 파장이 딱딱 맞는 일정한 음이 고막을 두드

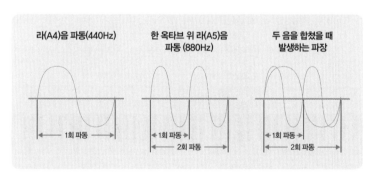

한 옥타브 위의 음을 동시에 쳐도 파장은 두 배 차이가 나기 때문에, 고막을 일정하게 두드려 듣기에 부담스럽지 않은 소리가 됩니다.

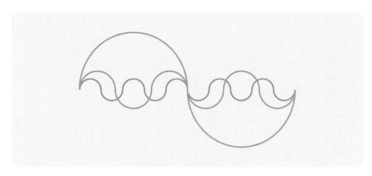

옥타브가 서로 다른 '도미솔'을 눌렀을 때 만들어지는 파장입니다. 패턴이 보이죠?

리면 우리는 이것을 자연스럽고 괜찮은 소리라고 느낍니다. 하지만 서로 관계없는 파장끼리 아무렇게 섞이면 고막은 불규칙하게 떨리고, 짜증이 나거나 듣기 싫다는 생각이 듭니다.

가장 흔히 듣는 화음이 '도미솔'인데요, 이 세 가지 음은 동시에 눌러도 기분 좋은 소리로 들립니다. 위의 방법처럼 계산해보면 알겠지만 '미' 음은 '도' 음보다 약 25퍼센트 빠른 파장을 갖고 있고, '솔'은 '도'보다 약 50퍼센트 빠른 파장을 갖고 있습니다. 이렇게 딱 나누어떨어지는 파장은 동시에 눌러도 패턴이 일정해 귀를 즐겁게 합니다.

하지만 수학적으로 나누어떨어지지 않는 음을 동시에 누르면 파장의 패턴이 만들어지지 않고 불규칙하게 고막을 두드리게 됩니다. 그러면 우리 뇌는 '아유, 이게 대체 무슨 소리야. 시끄러워'라고 생각합니다.

이렇게 음악은 수학, 과학과 밀접하게 연관되어 있으며, 우리 신체에도 영향을 미치기 때문에 때어날 때부터 본능적으로 좋은 음과 그렇지 않은 음을 구분할 수 있습니다. 이런 계산 없이 기분에 따라 듣던 음악인데, 분석해보니 매우 신기하죠?

◆ 음악을 잘하면 수학적 감각이 발달한다 ◆

제가 지금까지 설명한 음악의 수학적 분석을 가장 먼저 알아낸 사람은 누굴까요? 훌륭한 음악가? 천재적 연주자? 둘 다 아닙니다. 바로 고대 그리스의 수학자인 피타고라스입니다. 그는 한 옥타브의 차이가 1 대 2라는 것과, 화음이 2 대 3의 일정한 자연수의 비율로 이루어져 있다는 사실을 가장 먼저 발견했습니다. 또 지구가 태양을 중심으로 돈다는 지동설을 주장했던 갈릴레오나 20세기 초 노벨 물리학상을 받은 레일리 경 등 유명 과학자들이 이러한 음악적 이론을 발전시켰습니다. 음악은 본성적으로 수학과 과학의 원리로 작동하기 때문입니다.

하지만 음악을 항상 이렇게 생각하면서 듣는 사람은 없죠. 좋은 화음을 들으면 '아, 좋다'라고 느끼고 불협화음에는 '시끄러워. 듣기 싫다'는 생각이 듭니다. 사실 중요한 건 이 느낌입니다. 수학적이고 과학적인 감각이 숨어 있는 음악을 자주 듣고, 공부하면 이 느낌에 점점 익숙해집니다. 수학적, 과학적으로 옳고 자연스러운 것이 무엇인지 몸으로 느끼게 되고, 이 감각이 발달할수록 자기도 모르는 사이에 이과 과목을 공부할 때 몸과 머리가 내용을 더 쉽게 받아들입니다.

믿기 어렵겠지만 캘리포니아 대학의 고든 쇼 교수에 따르면, 음악은 음의 길이와 높이 등으로 시간과 공간에 대한 사고를 발달시키고, 이 리듬을 익히면서 분수와 비율에 대한 감각을 얻게 된다고 합니다. 또 음표나 쉼표 등의 악보를 읽는 '독보법' 공부는 기호와 논리의 과목인 수학적 직관을 기르는 데 도움이 됩니다.

실제로 4개월 동안 초등학교 2학년 학생들을 대상으로 피아노 공부를 하게 한 결과, 그렇지 않은 그룹에 비해 비율과 분수 등 수학 과목 점수가 평균 27퍼센트나 높아졌다고 합니다. 또 SBS 프로그램인 「영재 발굴단」은 바이올린이나 피아노 등의 악기를 양손으로 연주하고 동시에 악보를 해석하면 좌우 뇌의 소통과 통합을 관장하는 '뇌량'이 발달하기 때문에 지적 능력이 좋아진다는 사실을 밝혀냈습니다. 물론 피아노를 잘 친다고 해서 모두 수학을 잘하는 건 아니지만, 자기도 모르는 사이에 뇌의 활동과 감각이 발달하게 됩니다.

저도 어렸을 적에 피아노를 배웠습니다. '체르니 40번'을 치다가

초등학생이었던 저를 괴롭혔던 바흐 인벤션 중 한 곡입니다.

말았는데요, 피아노를 친다는 건 머리를 많이 사용하고, 이를 손가락으로 연결시키는 뇌의 활동을 자극하는 일이라는 걸 체감할 수 있었습니다. 피아노를 배우다가 그만두게 된 결정적인 계기는 '바흐 인벤션(Bach invention)'이라는 책 때문이었습니다. 당시 저는 초등학생이었는데, 오른손이 쳐야 하는 음과 왼손이 쳐야 하는 음이 따로 진행되는 걸 미처 따라가지 못하겠더군요. 게다가 음의 길이와 강도를 모두 챙기면서 손가락 열 개를 움직이려니 정말 어려웠어요. 피아노를 잘 치는 친구들이 신기하게 보였답니다. 훗날 생각해보니 피아노 연주는 매우 많은 사고와 훈련 과정이 필요한 일이라는 걸 알 수 있었습니다.

◆ 음악의 감각을 활용하면 표현력도 좋아진다 ◆

지금까지 음악이 수학적 사고에 얼마나 도움이 되는지 이야기해 보았습니다. 이제 음악이 어떻게 글쓰기와 면접, 발표 등 말하기에 도움이 되는지 살펴볼까 합니다. 음악이 수학을 잘할 수 있게 만든다는 사실도 신기한데, 글쓰기와 말하기에까지 영향을 준다니 놀랍지 않나요?

음악은 한 편의 드라마이자 스토리입니다. 우리 모두에게 익숙한 가요를 예로 들어볼게요. 3~4분 정도의 가요 중 어떤 노래는 슬프고, 어떤 노래는 신나고, 어떤 노래는 감동적입니다. 심지어 가사는 보지 않고 멜로디만 들어도 이런 감정이 느껴지죠. 많은 사람에게 오랫동안 사랑받는 음악은 대부분 이 감정이 매우 확실하고 정확한 타이밍에 느껴집니다.

재미있는 건 이 음악의 감동 패턴과 글과 말의 패턴이 매우 비슷하다는 것입니다. 소설을 공부할 때 기승전결 혹은 발단, 전개, 위기, 절정, 결말의 흐름으로 배우죠? 전반적인 상황을 설명하는 도입부가 있고, 이런저런 사건을 통해 이야기가 진행되다가, 위기가 닥치고 갈등이 고조되면서 클라이맥스에 이르러 모든 일이 해소되고 마무리됩니다. 물론 이 흐름에 많은 변형을 준 작품도 있지만, 기본적으로는 이러한 패턴을 갖고 있습니다. 그래야 독자들이 중간에 흥미를 잃지 않고 끝까지 읽을 수 있습니다.

음악도 마찬가지입니다. 좋아하는 발라드 한 곡을 머릿속에 떠올려보세요. 보통 잔잔하게 시작하는 1절과 반복되는 2절이 나오고, 점점 긴장을 자아내며 클라이맥스로 치달았다가 안정적으로 끝이 납니다. 앞서 이야기한 소설의 전개 방식과 매우 비슷한 형태입니다. 댄스곡도 마찬가지예요. 1절과 2절이 변형되어 반복되고, 댄스 브레이크나 브릿지 부분을 지나 메인 보컬의 고음이 돋보이는 클라이맥스가 나오고, 끝나는 경우가 많습니다.

또 베토벤이나 모차르트로 유명한 소나타 형식의 클래식도 도입부, 전개부, 재현부, 코다(마감)의 구성을 갖는데, 기승전결의 구성과 크게 다르지 않습니다. 이것이 듣는 사람으로 하여금 쉽게 집중하도록 만드는 효과적인 방법 중 하나라서 그래요.

그래서 음악을 공부하면 표현력에 대한 감각이 좋아집니다. 실제로 저는 사람들 앞에서 무언가를 발표할 때 이 구성을 염두에 두고 준비합니다. 듣는 사람이 흥미를 잃지 않도록 어떻게 시작할 것인가, 어느 부분에서 감정을 불러일으킬 것인가, 가장 중요한 내용은

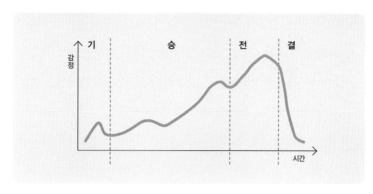

이야기는 기본적으로 기승전결의 흐름을 갖습니다.

언제 제시할 것인가, 어떻게 감동적으로 마무리를 지을 것인가 고민합니다. 이러면 청중들의 집중력을 끝까지 유지하면서 말하고자 하는 내용을 전달하기 쉬워집니다.

글을 쓸 때도 마찬가지입니다. 도입부는 흥미를 끄는 주제로 시작하고, 내용을 쭉 전개하다가 시선을 사로잡는 이야기로 절정을 제시하고, 안정적으로 마무리하기 위한 플롯을 고민하면서 글을 씁니다. 물론 부족한 점이 많지만, 이를 염두하고 쓰는 글과 발표는 그렇지 않은 것과 확연히 차이가 납니다.

저는 이러한 감각을 피아노를 치고, 음악을 들으면서 배우고 익힌 부분이 많아요. 가요를 잘 들어보면 이러한 패턴이 어떤 식으로 변형되는지, 또 요즘은 어떤 패턴과 흐름을 선호하는지도 알 수 있습니다. 살짝 귀띔하자면, 요즘은 미괄식보다는 양괄식이 또 전개

중간에 두세 개 정도의 작은 긴장감을 더하는 추세인 것 같습니다.

논술과 면접에서 객관식보다 서술형에 대한 관심과 비중이 점점 높아진다는 사실은 이미 알고 있을 거예요. 수행평가의 글쓰기나 발표 수업 등 자신의 생각을 말이나 글로 전달하는 과제가 성적에 포함되는 일도 많아졌습니다. 똑같은 내용이라도 상대가 끝까지 집중하고, 눈과 귀를 떼지 못하게 만드는 감각적인 표현력이 훈련되어 있으면 훨씬 효과적이고 감동적으로 전달할 수 있습니다.

음악은 이를 연습하는 데 매우 좋은 과목입니다. 좋아하는 아이돌 가수의 노래를 들으면서 '이 노래는 어떤 요소 때문에 이렇게 귀에 착 감길까?', '글을 쓰거나 발표할 때 이 방법을 활용할 수는 없을까?'를 고민한다면 노래를 듣는 것이 또 하나의 재미있는 공부가 될 수 있습니다.

8장

미술
암기력, 표현력, 이해력에
모두 도움을 주니까

◆ 미술은 나만의 생각을 효과적으로 표현하는 과목 ◆

요즘 인터넷으로 웹툰 많이들 보죠? '어쩜 저렇게 잘 그릴까' 하고 감탄하게 만드는 작품이 매우 많습니다. 현실에는 존재하지 않을 법한 멋진 주인공, 환상적인 배경까지 그림 한 컷 한 컷에서 눈을 떼지 못할 정도입니다. 그림도 훌륭한데 줄거리와 메시지까지 함께 전달하는 능력을 가진 웹툰 작가들이 대단해 보입니다.

같은 내용이라도 글로만 된 것보다 그림이 곁들여져 있는 것이 눈에 더 잘 들어오고, 같은 웹툰도 그림이 더 멋지고 화려하면 눈길이 가게 마련입니다. 미술을 별로 좋아하지 않는 남학생들도 스포츠나 판타지 웹툰은 많이 볼 것 같아요.

사람이 습득하는 정보의 90퍼센트는 눈을 통해 얻는다는 연구 결과가 있습니다. 시각, 청각, 후각, 미각, 촉각의 다섯 가지 감각을 갖고 있지만, 대부분의 정보를 시각으로 습득합니다. 공부할 때도 책, 노트, 칠판, 인터넷 강의 영상 등 시각적으로 습득하는 정보가 중심이 돼요. 스마트폰이나 컴퓨터로 보는 영상과 기사도 대부분 시각이 우선입니다. 즉, 시각적으로 표현된 정보를 어떻게 습득하느냐에 따라 결과는 매우 달라질 수 있습니다.

그렇기 때문에 시각을 주로 활용하는 학문인 미술은 생각보다 중요한 과목이고, 우리 생활에 많은 영향을 미칩니다. 단순히 '이렇게 그려볼까, 저렇게 그려볼까', '연필을 쓸까, 붓을 쓸까'를 고민하는 게 아니라 '어떻게 하면 효과적으로 내 생각을 전달하고 다른 사람의 생각을 전달받을 것인가'와 관련된 과목이죠.

미술 시간은 크게 표현 기술을 익히는 시간과 내 생각을 실제로 표현하는 창작 시간으로 나뉩니다. 먼저 연필 쓰는 법, 물감 쓰는 법, 조각하는 방법 등을 배웁니다. 정물화를 그린다고 상상해보세요. 분명히 눈에 보이는 그대로 그렸는데, 전혀 다른 결과물이 나와 당황한 경험이 있을 거예요. 상상화를 그릴 때도 머릿속에 생각한 게 손으로는 표현이 안 되는 경우가 흔합니다. 이렇게 자기 생각을 머리와 손을 거쳐 제대로 표현하기 위해서는 많은 연습이 필요합니다. 이 연습을 가장 철저하게 할 수 있는 과목이 바로 미술입니다. 그 결과물이 바로 눈으로 보이기 때문에 내 생각과 비교해볼 수 있거든요.

어렸을 때 가장 행복했던 순간, 20년 후의 미래, 자유로운 추상화 등 다양한 주제로 그림을 그려봤을 겁니다. 이러한 창작 연습은 사고력에 큰 영향을 미칩니다. 특히 앞으로 더 중요한 자질이 될 창의력과 밀접한 관련이 있습니다. 창의력을 발휘하기 위해서는 나만의 생각과 의견이 있어야 하는데 이러한 창작 활동이 매우 좋은 연습이 됩니다. 심지어 특목고나 대학 입시에 나올 법한 주제도 다룹니다.

'20년 후 미래는 어떻게 될까?'라는 질문은 입시 문제에 나와도 손색이 없습니다. 어렸을 때 가장 행복했던 기억이 무엇인지, 왜 행복했는지 설명하는 것은 인성 면접 질문에 해당합니다. 모두 자신만의 생각이 정리되어야 표현할 수 있는 주제입니다. 20년 후의 미래를 어떻게 예측하는지 들어보면, 그 사람이 무엇에 관심이 있고 어떤 방식으로 사고하는지 알 수 있습니다.

'과학이 더 발달하면 어떻게 될까?', '환경오염이 악화되면 지구는 어떤 모습으로 변할까?', '지금보다 인구가 더 늘어나면?', '인터넷이 더 발달하면?' 등의 주제를 주면 모두 다른 그림을 그릴 겁니다. 이것이 바로 자기만의 생각이고 창의성의 표현입니다. 이렇듯 미술 시간은 단순히 그림을 그리는 시간이 아닙니다. 다른 과목에서는 찾아보기 힘든, 창의력을 위한 나만의 생각을 정립하는 중요한 시간이죠.

또한 미술은 표현력을 기르는 데도 큰 역할을 합니다. 미술은 시각을 다루는 과목이어서 그림뿐만 아니라 다양한 방면의 시각적 표현에 도움이 됩니다. 예를 들어, 수행평가 과제나 발표 자료를 어떻게 준비하느냐에 따라 점수가 달라질 수 있습니다. 적절한 위치에서 문단을 나누고, 글씨 크기를 조절하고, 시각 자료를 내용에 맞게 배치하면 더 효과적이겠죠. 거기에 영상까지 들어가면 내용을 더 쉽고 빠르게 전달할 수 있습니다.

◆ 이미지를 통째로 머리에 복사하다 ◆

———

미술이 창의력과 표현력에 도움된다는 말은 가끔 들어봤을 거예요. 사실 제가 강조하고 싶었던 부분은 이 두 가지가 아니라 바로 기억력입니다. 미술이 어떻게 기억력을 좋게 만들까요?

무언가를 암기하는 방식은 사람마다 다릅니다. 예를 들어 전화번호 016-3882-1375를 외운다고 해봅시다. 누구는 숫자를 순서대로 외울 겁니다. 또 누군가는 소리로 외웁니다. '삼팔팔이, 삼팔팔이'를 되뇌면서 소리 자체를 외우고, 그 소리를 떠올립니다. 또 다른 누군가는 스토리를 만들어서 외웁니다. '내가 38번이니까 38, 그다음에 빨리빨리를 뜻하는 82를 붙이고, 1학년 3반이니까 13'과 같은 방식으로 외우는 거죠. 제가 중학생일 때 다녔던 학원의 선생님은 이 전화번호를 다이얼 이미지로 외웠습니다. 3882를 '오른쪽 위, 아래 중간, 아래 중간, 가운데 위'와 같은 방식으로 눈으로 외운 것이죠.

여기서 제가 말씀드리고 싶은 건, 마지막 사례로 든 학원 선생님의 방식입니다. 바로 이미지를 눈으로 외우는 암기법이죠. 이는 미술을 통한 시각적인 습득과 표현에 익숙한 사람에게 유리한 방법인데요, 내용을 통째로 머릿속에 그림으로 암기하는 겁니다.

혹시 공부 잘하는 친구 중에 교과서 몇 페이지에 어떤 내용이 있

이렇게 그림을 만들어 눈으로 외웁니다.

고, 특정 그림 밑에 어떤 내용이 있는지 술술 외우는 친구를 본 적 있나요? 그런 친구가 바로 내용을 이미지 방식으로 암기하는 겁니다. 페이지를 그대로 그림으로 저장하는 것이죠. 이렇듯 미술을 통해 자기만의 암기 기술을 만들 수 있습니다.

게다가 이런 친구들은 머릿속에서 이미지를 만들고 구조화하는 게 익숙하므로 이해력에도 강합니다. 예를 들어 국사 공부를 할 때도 암기해야 하는 내용을 구조도로 그려서 더 쉽게 이해할 수 있어요. 같은 내용을 보고도 미술을 통해 이러한 구조가 머릿속에서 재빨리 그림으로 그려지기 때문에 이해와 암기에 유리해집니다. 미술이 단순히 그림을 그리고, 색을 칠하는 놀이가 아니라 학업에 직접적인 도움이 되는 과목이라는 사실. 미술은 이렇듯 다양한 면에서 우리에게 도움을 준답니다.

9장

체육
미래 사회에 필요한
빠른 판단력을 키워주니까

• 체육의 목적은 체력만이 아니다 •

체육은 호불호가 확실한 과목인 것 같아요. 어떤 학생은 체육 시간이 되기 전부터 체육복으로 갈아입고 운동장으로 뛰어나갈 준비를 하는가 하면, 더운 날씨에 땀 흘리는 것도 싫고 단체로 와르르 뛰어다니는 게 싫은 학생도 있습니다. 자유 시간이 주어지면 선생님 눈을 피해 삼삼오오 벤치에 앉아 이야기를 나누기도 하지요.

체육 과목은 보통 체력과 관련된 과목으로 이해하죠. 고3까지 공부하려면 체력이 좋아야 하고, 그러려면 어렸을 때부터 꾸준한 운동으로 체력을 길러야 한다고 말이에요. 저는 잠을 줄이면서까지 공부하라고 권하지 않지만, 공부하다 보면 늦은 밤까지 하는 경우가 생기고 안정적으로 체력이 받쳐줘야 하는 게 사실입니다.

하지만 체력이 부족해서 공부를 못 할 정도가 되는 건 흔한 일이 아닙니다. 체력이 떨어지기 전에 집중력이 먼저 떨어지는 경우가 대부분이거든요. 공부는 거의 앉아서 하기 때문에 운동처럼 체력과 근력에 직접적으로 영향을 받지는 않습니다.

그렇다면 체육 과목은 왜 필요할까요? 체육을 학습이 아닌 '놀이'라고 생각하고, 운동장에서 보내는 체육 시간을 못마땅해하는 학생이나 부모님, 선생님이 많습니다. 학생들 중에는 계속 교실에 앉아서 공부만 할 수는 없으니 밖에 나가서 스트레스도 풀고, 체력을 충전하는 정도로 생각하기도 하죠. 그래서인지 시험 기간이 되면 가장 먼저 자습시간으로 바뀌는 게 체육입니다. 하지만 체육을 노는 시간으로 취급하면, 체육을 통해서만 얻을 수 있는 장점을 놓치게 됩니다. 그렇게 되지 않기 위해 지금부터 체육이 공부에 미치는 영향력과 장점에 대해 이야기하려고 합니다.

◆ 훌륭한 운동선수들은 머리가 좋다 ◆

살다 보면 무언가를 판단해야 하는 상황이 계속 생깁니다. 간단하게는 빨간 펜을 살까, 파란 펜을 살까, 이 문제집을 살까 저 문제집을 살까, 영어학원에 다닐까 수학학원에 다닐까, 떡볶이를 먹을까 햄버거를 먹을까 등 하루에도 수십 번씩 선택과 마주합니다. 쉽게 선택할 수 있는 경우도 있고, 긴 시간이 필요한 경우도 있고, 혹은 도저히 어떤 선택을 해야 할지 몰라 친구나 부모님께 상담하는 경우도 생기죠.

그런데 체육이 이런 모든 상황을 대처할 수 있는 판단력에 도움이 됩니다. 쉽게 이해되지 않죠? 그 이유를 하나씩 설명해볼게요.

체육은 기본적으로 여러 사람이 함께 몸을 쓰는 스포츠가 중심입니다. 혼자 하는 경우도 있지만, 보통 축구, 야구, 배구 등 친구들과 어울려서 하거나 상대편과 경쟁하는 종목이 대부분입니다. 이 과정에서 자신도 모르는 사이에 빠른 습득과 판단을 계속하게 되는데요, 축구를 예로 들어볼게요.

우리 편 열한 명이 운동장을 뛰고 있습니다. 축구공은 이리저리 굴러다니고 있죠. 누군가는 수비하며 상대편을 막고, 누군가는 공격 패스를 하면서 상대편 진영으로 들어갑니다. 이 모든 과정은 매우 빨리 진행되고, 전반적인 상황과 나의 역할은 계속 바뀝니다. 수비를 하다가 갑자기 공격으로 가기도 하고, 드리블할 것인지 패스할 것인지, 지금 슛을 할 것인지 일단 뒤로 공을 돌릴 것인지 상황을 보고 끊임없이 판단합니다. 즉, 어떻게 행동해야 가장 바람직한지 빠른 시간 내에 고민하고 판단을 내려야 합니다.

축구할 때 머리는 안 쓰고 정신없이 뛰는 것 같지만, 몸은 빠르게 움직이고 머릿속에서는 끊임없이 위와 같은 생각이 일어납니다. 이런 판단을 한 게임에 백 번 이상은 해야 할 겁니다. 주변 정보를 순간적으로 습득하고 판단하는 연습이 아주 빠르게, 많이 발생하는 것이죠. 그리고 이 판단의 결과는 즉시 눈에 보입니다. 패스했다가 상대에게 공을 빼앗긴다든지, 일정 거리에서 슛을 했더니 아무도 막지 못했다는 등 결과를 바로 확인할 수 있습니다.

즉, 습득, 파악, 판단, 행동, 결과의 과정이 빠르게 반복됩니다. 실제로 축구를 하면서 이 과정을 구체적으로 느끼지 못해도 무의식중에 이러한 생각이 반복됩니다. 그렇지 않으면 축구를 잘할 수가 없어요. 이런 생각이 없는 사람은 무작정 공만 쫓아 뛰어다닐 뿐입니다. 반대로 순간적으로 상황을 파악해서 패스하고, 적절한 타이밍에 슛을 하는 사람은 위와 같은 생각을 계속 머릿속에서 하고 있습니다.

이는 어떨 때 자신의 판단이 맞고 또 틀리는지 감을 잡는 데 좋은 연습이 됩니다. 체육 시간에 하는 이런 운동은 자신의 판단 기준에 대한 감을 점점 높입니다. 또 실패에 대한 두려움도 줄여줍니다. 이렇게 몸으로 익힌 습득력과 판단력은 살면서 중요한 결정을 해야 할 때 더 옳고 빠른 판단을 할 수 있도록 도와줍니다.

여러 명이 하는 운동에만 국한된 것은 아닙니다. 저는 태권도를 했는데, 겨루기를 하면 정말 많은 생각과 판단이 머릿속에서 일어납니다. '지금 돌려차기를 할까, 뒤차기를 할까, 뒤로 빠질까, 옆으로 빠질까' 등을 빠르게 판단해야 합니다. 이것을 실제로 인식하지 못해도 머릿속에서는 매우 많은 상황 파악과 판단이 빠르게 이루어집니다. 앞서 예를 든 축구와 마찬가지로요. 그리고 그 연습을 통해 실력이 향상하고, 순간적인 판단력과 습득력이 좋아집니다.

빠르게 변하는 상황에 대처하는 판단력

저는 학창 시절에 체육을 많이 하지는 못했습니다. 수영과 태권도를 수년 동안 했고, 학교나 태권도장 대표로 대회에 참가했지만, 체육 시간이나 쉬는 시간에 친구들과 어울리는 스포츠 경기를 한 경험은 많지 않아요. 저 역시 '체육은 노는 것'이라고 교육받았고, 노는 시간이 주어져도 실내에서 시간을 보냈습니다. 되돌아보면 참 아쉬워요. 제가 그때 체육과 스포츠가 습득력과 판단력에 도움이 된다는 것을 알았다면, 좀 더 적극적으로 임했을 테니까요.

실제로 저는 충분한 시간을 들여 답을 찾는 시험이나 상담 등에는 강하지만, 빠르게 변하는 상황에 대처하는 능력은 상대적으로 부족함을 느낍니다. 순간적인 습득과 판단에 덜 익숙하고 연습이 덜 되어 있는 것이죠. '왜 그럴까?'를 생각하다가 체육과 스포츠 경

험이 부족하기 때문이라는 생각이 들더군요. 이를 보완하기 위해
여러 사고방식을 연습하고 나름의 해답을 찾기 위해 노력하지만,
어렸을 때 몸으로 익힌 것과는 그 깊이에 차이가 나는 것 같아요.

면접관의 의도를 순식간에 파악하는 습득력

자사고나 대학, 회사에 들어가기 위한 거의 모든 시험에는 면접
이 빠지지 않습니다. 저도 대입과 입사를 위해 면접을 보았고, 반대
로 면접관이 되어본 경험이 있는데요, 직접 만나서 이야기를 나누
면 상대가 어떤 사람이고, 어떤 생각을 하는지 대충 파악이 됩니다.
그만큼 면접은 순간적인 습득력과 빠른 판단력을 요구하는 테스트
입니다. 면접에서 어떤 질문을 받을지 미리 알 수 없기에, 예상 질문
을 공부해가도 면접에서는 새로운 질문을 맞닥뜨리곤 하지요.

명문대 입시 면접 문제였던 '토끼와 거북이'가 생각납니다. 우화
를 지문으로 제시하고 '당신은 자신을 토끼라고 생각하는가, 거북
이라고 생각하는가? 그 이유를 말해보시오'라는 문제였습니다. 유
명 외국 기업의 면접 문제 중에는 '당신의 키가 동전만큼 줄어들어
믹서기에 던져졌다. 몸집은 줄었지만 밀도는 예전과 같다. 1분 이내
에 믹서기는 작동한다. 당신은 무엇을 해야 하는가?'라는 문제도 있
었다고 합니다. 논리력과 더불어 빠른 판단력과 순발력이 없으면
대답할 수 없는 문제들입니다.

여러분이 살아갈 미래 사회에는 모든 것이 빠르게 변하고, 이에 맞춰 빠른 판단과 행동이 요구될 겁니다. 체육 과목은 이런 급변하는 미래에 잘 적응할 수 있는 힘을 길러주고, 판단의 두려움을 없애 자신의 미래를 만들어갈 힘을 실어줍니다.

체육은 노는 것, 체력 증진을 위한 것으로 생각해 가능하면 체육 시간을 줄이고 '그 시간에 다른 공부 한 자 더 해야지'라고 생각했던 학생들에게 이 이야기를 꼭 하고 싶었습니다. 체육은 몸을 움직이면서 스트레스를 푸는 것뿐만 아니라 습득력과 판단력에 긍정적인 영향을 미치고, 전반적인 감을 좋게 만듭니다. 이런 장점을 활용하도록 자신이 좋아하는 체육 활동은 무엇인지, 그것을 더 재미있게 즐길 수 있는 방법을 고민해보는 건 어떨까요. 그렇다고 매일 체육만 하면 안 되겠죠? 다른 활동과 균형을 맞추는 게 중요하다는 사실을 잊지 마세요.

10장

컴퓨터
세계에서 가장
영향력이 큰 언어니까

◆ 미래 사회에 가장 중요해질 언어는? ◆

국어, 영어, 수학, 과학 등 수능과 내신에 중요한 과목 외에 가장 최근에 교과목으로 들어온 신규 과목이 있죠? 바로 정보 - 컴퓨터입니다. 이제는 정규 과목으로서 학교에서 배우고 있는 이 컴퓨터 과목은 미래 사회를 살아갈 여러분들에게 큰 도움이 될 텐데요, 컴퓨터를 공부하면 우리에게 어떤 좋은 일들이 생기는지 한번 이야기해보려 합니다

먼저 '컴퓨터 언어'가 무엇인지 알고 있나요? 컴퓨터는 인간과 달라서 우리의 언어로 무언가를 전달하면 알아듣지 못합니다. 한국은

한글, 미국은 영어, 프랑스는 프랑스어를 쓰듯이 컴퓨터 세상에서는 컴퓨터들끼리 알아들을 수 있는 언어가 있습니다. 그 언어로 지령을 내리면, 컴퓨터가 이를 이해하고 행동합니다. 그렇게 해서 만든 결과물이 각종 애플리케이션과 프로그램입니다. 게임도 마찬가지이고요. 이러한 과정을 코딩(Coding)이라고 하는데요, 코딩이란 컴퓨터 언어로 애플리케이션이나 프로그램 등을 만드는 것입니다. 다가올 미래에는 이 능력이 더욱 주목받게 될 것입니다.

```
Rational::operator std::string ( ) const { }
    return string( ) ;

std::string Rational::string ( ) const { }
    return std::string(c_str ( ));

const char * Rational::c_str ( )  const
    { if (!_buf) _buf = new char [_bufsize] ( );
    snprintf(_buf, _bufsize, "%d/%d, _n, _d);;
;    return _buf;}
```

이것이 컴퓨터 언어입니다.

자, 여기서 잠깐 방향을 바꿔 우리는 왜 그렇게 영어를 열심히 공부할까요? 세상에는 100가지가 넘는 언어가 있습니다. 그런데 네덜란드어도 말레이시아어도 아닌 영어가 왜 필수 과목이 되었을까요? 이유는 간단합니다. 영어가 세계에서 가장 많이 쓰이고, 영향력이 큰 언어이기 때문입니다. 같은 시간과 노력을 들여 공부할 거라면, 영향력이 큰 언어를 배우는 게 당연합니다. 요즘 중국이 급성장하면서 중국어에 대한 관심이 커지는 것도 같은 이유예요. 고등학생 때 배우는 독일어, 프랑스어, 일본어 등도 같은 이유로 선택 과목으로 채택된 것입니다.

그렇다면 미래 사회에서 가장 큰 영향력을 발휘할 언어는 무엇일까요? 영어는 앞으로도 오랫동안 중요할 것으로 예상됩니다. 그럼 중국어, 프랑스어, 스페인어일까요? 저는 인간이 쓰는 언어가 아니라 컴퓨터 언어가 가장 중요한 언어가 될 거라고 생각합니다.

세계적으로 이러한 현상은 이미 나타나고 있습니다. 요즘 하버드 대학에서 가장 인기 있는 과목이 '컴퓨터 공학 개론'이라고 합니다. 그동안 '경제학 개론'이 차지하던 걸 2014년부터 컴퓨터 공학이 이를 제치고 최고 인기 과목으로 부상했습니다. 이는 문제를 해결하고 새로운 것을 창조하도록 하는 컴퓨터 언어와 코딩이 많은 학생의 관심을 받고 있다는 증거입니다. '경제' 시대는 가고 '컴퓨터 공학' 시대가 도래하는 걸까요. 미국은 정부가 나서서 학생들에게 컴퓨터 언어를 가르치고 있고, 영국과 핀란드 등 교육 선진국들도 컴퓨터를 정규 과목으로 지정하고 있습니다. 앞으로 컴퓨터 언어는 더욱 중요해질 것입니다.

✦ 컴퓨터 언어는 미래 사회의 필수 과목 ✦

우리는 현재 많은 시간을 인터넷과 스마트폰 등 컴퓨터를 이용하며 살고 있습니다. 미래에는 인터넷과 컴퓨터가 인간의 삶과 더 긴밀하게 연결될 텐데요, 이때 가장 중요한 능력이 바로 컴퓨터와 소통하는 것입니다. 페이스북, 카카오톡 모두 이 컴퓨터 언어를 갖고 코딩해서 만든 어플입니다. 여러분이 컴퓨터 언어를 알면 자기가 원하는 어플을 직접 만들 수 있습니다. 영어를 잘하면 외국인과 대화가 가능하듯 컴퓨터 언어를 알면 컴퓨터를 활용해 다양한 일을 할 수 있게 됩니다.

컴퓨터 언어의 또 다른 장점은 국가와 상관없이 모두 같다는 점입니다. 미국에서 쓰는 컴퓨터 언어와 우리나라에서 쓰는 컴퓨터 언어는 같습니다. 그래서 한 번 배워 놓으면 세계 어디서든 쓸 수 있겠지요. 제 친구 중 몇몇은 미국 애플 본사에서 코딩을 하고, 페이스북과 구글에서 컴퓨터 언어로 프로그래밍을 합니다. 컴퓨터 언어를 알면 국가에 구애받지 않고 여러 가지 일을 할 수 있습니다. 여러분이 나중에 이런 회사에서 일하게 된다면 정말 좋겠죠?

모든 학생이 영어를 공부하듯이 컴퓨터 언어를 배워야 하는 것은 아니라고 생각합니다. 다만, 컴퓨터 언어를 익히면 미술을 좋아하는 친구는 컴퓨터를 활용해 작품을 만들고 이를 전시하기 위한 어플을 만들 수도 있고, 게임 디자이너가 되어 멋진 게임 그래픽을 만들 수도 있습니다. 축구를 좋아한다면 컴퓨터 언어를 활용해서 축구 마니아들과 소통할 수 있는 '축구 전문 SNS' 같은 공간을 만들 수도 있습니다. 자신의 특기를 일로 연결할 수 있을 뿐만 아니라 더 재미있게 사는 게 가능해지겠죠.

아직은 다소 생소한 컴퓨터 언어는 인터넷과 컴퓨터 세계에서 살아갈 여러분께 날개를 달아줄 것입니다. 심지어 논리적인 컴퓨터와의 소통을 통해 이해력과 논리력까지 향상시킬 수 있죠. 지금까지 영어가 세계적으로 가장 영향력 있는 언어였다면, 머지않은 미래에는 컴퓨터 언어가 그 자리를 대체할 거예요. 관심 있는 친구는 한번 도전해보세요. 가까운 미래에 반드시 도움이 될 테니까요.

11장

금융
하고 싶은 것을
계속할 수 있게
해주니까

✦ 이제는 금융도 과목이 된다 ✦

금융이라는 과목은 대학 전공에만 있는 것 같은데 왜 교과목 설명에 넣었는지 궁금하죠? 앞서 컴퓨터를 미래 필수 과목으로 설명했던 것처럼 금융이라는 분야는 미래의 내 삶에 큰 힘이 되기 때문에 '미래 과목'으로서 먼저 살짝 알려드리려고 해요. 굉장히 재미있고 유용한 과목이니 한 번 읽어두면 여러분의 삶에 반드시 도움이 될 거예요.

금융이 무엇인지 궁금해하는 분들을 위해 설명하자면, 금융이란 '자금을 융통하는 것'인데 쉽게 말해 '돈이 필요한 곳에 돈을 공급해서 하고 싶은 것을 할 수 있게 만드는 것'이에요. 나를 비롯한 개인이나 가정, 회사, 국가가 무언가를 하려면 반드시 돈이 필요하고, 필요한만큼 잘 분배가 된다면 하고 싶은 것들을 할 수 있겠죠? 그 분배 원리와 방법을 공부하는 것이 금융 공부입니다.

자, 그럼 여기서 퀴즈. 돈을 융통한다는 뜻의 금융을 쉬운 말로 바꾸면 뭐라고 할 수 있을까요? 옷을 사거나 맛있는 걸 사먹는 등 내가 원하는 것들을 하기 위해 필요한 돈을 융통하는 것? 바로 '돈을 번다'라고 할 수 있습니다. 간단하죠? 기업이나 국가 같은 커다란 조직이 아니더라도 내가 돈을 벌고, 얻고, 모으고, 쓰고, 주는 것과 같은 원리와 방법을 공부하는 모든 것이 바로 금융 공부예요. 아직 교과서로 배우는 것처럼 체계적으로 공부하지 않았을 뿐이지 금융 공부는 항상 우리와 같이하고 있답니다.

이렇게 돈을 융통하는 금융 공부, 다시 말해 내가 돈을 벌고 얻고 모으고 쓰고 주는 원리와 방법을 공부할수록 여러분들은 더 쉽고 효과적으로 돈을 벌고 쓸 수 있게 된답니다. 내가 돈을 더 효율적으로 융통한다면 하고 싶은 것도 더 잘 많이 할 수 있겠죠? 금융 공부는 결국 내가 하고 싶은 것들을 지속적으로 할 수 있도록 하는 힘을 주는 공부예요.

✦ 가치 있는 곳으로 모이는 금융 ✦

———

그런데 돈은 생명체와 같아서 아무에게나 가지 않아요. 먼저 자신을 소중히 다뤄줄 사람을 찾고, 더 의미 있고 가치 있는 일에 쓰이기를 바라고 있어요. 물론 안 좋은 일에 쓰이기도 하지만, 그런 돈은 금방 그 사람을 버리고 다른 곳으로 떠나게 된답니다. 그래서 세계적으로 유명한 부자들을 살펴보면 많은 사람에게 도움이 되는 제품과 서비스를 만든 사람들이라는 특징이 있죠.

마이크로소프트의 빌 게이츠는 컴퓨터의 윈도우 프로그램을 만들어서 누구나 쉽게 집에서 컴퓨터를 쓸 수 있게 했죠. 좋은 냉장고나 에어컨 등의 제품을 만드는 삼성, LG 등의 기업들도 사람들이 쾌적하게 지낼 수 있도록 도움을 줍니다.

이처럼 돈은 스스로 더 가치 있게 쓰일 수 있는 곳을 찾고, 적당한 곳을 찾으면 그곳으로 옮겨가는 재미있는 성격을 지니고 있어요. 여러분이 가치 있다고 생각하는 일이 있다면 금융 공부와 금융의 힘을 통해 그 생각을 실현할 수 있는 거죠. 내가 하고 싶은 일을 하는데 필요한 것을 배울 수도 있고 재료를 사서 만들 수도 있어요. 그 꿈을 같이 이루어 나갈 좋은 동료들을 영입할 수도 있답니다.

◆ 금융 공부의 첫발 내딛기 ◆

당장 생존에 필요한 자금부터 미래를 준비하는 자금, 내가 하고 싶은 것을 하기 위한 자금, 누군가를 도와줄 수 있는 자금까지 금융을 잘 알고 친해진다면 내가 세상에서 경험할 수 있는 범위가 점점 더 넓어지고 실현 가능성도 커지게 됩니다. 그래서 그 방법과 원리를 공부하는 금융을 미래 과목으로 안내한 거예요.

앞에서 우리가 공부하는 목적이 내가 하고 싶은 것을 발견하고 그걸 지속할 수 있는 실력을 길러서 평생 하고 싶은 것들을 하면서 살기 위한 것이라고 했죠? 금융 공부는 그것을 실현할 수 있는 가능성을 높이고 힘을 더해줍니다.

이야기를 듣고 막상 금융 공부를 해보려니 문제집이나 참고서가 있는 것이 아니어서 어떻게 시작해야 할지 막막할 수 있어요. 그래서 처음 시작해보기 좋은 금융 공부 사이트도 하나 알려드릴게요. 제가 도서 선정 위원으로도 참여했고 저와 민사고 동문인 대표가 만든 쉬운 금융 공부 프로그램이에요. 관심 있는 친구들은 플래닛 12(planet12.co.kr)에서 미래 과목인 금융 공부도 먼저 한번 구경해 보세요.

서울대 수석은
이렇게 공부합니다

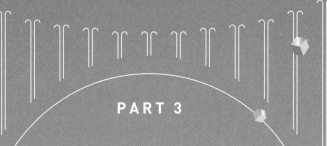

PART 3

공부 잘하는
머리가 되는
4가지 조건

앞서 각 과목 공부의 진짜 목적과 의미를 살펴봤습니다. 이렇게 다양한 과목을 공부하는 이유는 무엇일까요? 많은 지식을 습득하기 위해서? 좋은 대학에 가기 위해서? 훌륭한 사람이 되기 위해서? 정답은 '사고력'을 기르기 위해서입니다. 사고력은 말 그대로 생각하는 힘입니다. 잘 생각해서 훌륭한 답을 내기 위한 뇌의 힘이죠. 여기서 훌륭한 답이란 시험 문제의 답이나 면접 문제의 답이 될 수도 있고 더 나아가 내 인생에 여러 어려움이 닥쳤을 때 찾을 수 있는 더 나은 답을 말하기도 합니다.

이 사고력이 잘 발달하면 바로 공부 잘하는 머리가 됩니다. 보통 딱 한 과목 공부만 잘하는 사람은 잘 없어요. 국어를 잘하는 친구가 영어를 잘하기도 하고, 수학을 잘하는 친구가 과학도 잘하죠? 이게 다 사고력이 좋기 때문이에요. 사고력이 좋으면 어떻게든 문제를 해결해내기 때문에 성적도 좋아지거든요.

이 공부머리, 즉 사고력을 만드는 4가지 조건은 습득력, 이해력, 창의력, 표현력입니다. 이 4가지 능력을 지니면 학교 성적은 물론 미래에도 크게 도움이 되는 공부 잘하는 머리가 될 수 있어요. 이 각각의 능력이 대체 무엇이고 어떻게 키울 수 있는지 그 방법을 이야기해드릴게요. 내가 어떤 부분에 강하고 약한지 생각해보면서 읽으면 더 좋을 것 같아요.

1장
· · · · ·

습득력

공부 효율을
두 배로
끌어올리는 능력

◆ 언어 능력이 지식의 습득을 좌우한다 ◆

———

　습득력이란 공부할 때 얼마나 빨리 많은 것을 받아들일 수 있느냐에 관한 능력입니다. 이 습득력이 발달한 사람은 똑같이 한 시간을 공부해도 더 많은 것을 배울 수 있어요. 공부의 효율이 다르다고할까요? 효율이 높으면 다른 친구가 두 시간에 공부할 것을 한 시간에 끝내버릴 수 있죠. 이렇게 다른 사람보다 빠르게 많은 지식을 습득하면 공부를 더 잘하게 되고, 그 분야의 전문가가 되기 쉽습니다. 이 습득력을 키우기 위한 기본적인 방법은 무엇이 있을까요?

　쉽게 이해하기 위해 공부의 과정을 공을 던지고 받는 것에 비유

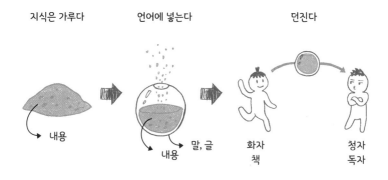

지식은 가루다　　언어에 넣는다　　던진다

내용

말, 글

내용

화자
책

청자
독자

언어는 지식을 습득하는 데 중요한 역할을 합니다.

해볼게요. 공부를 통해 습득하는 지식은 모양이 없죠? 마치 가루나 액체와 같습니다. 그래서 이 지식을 수업이나 책을 통해 습득하거나 다른 사람에게 전달하기 위해 꼭 필요한 것이 언어입니다. 형체 없는 지식을 언어라는 공에 담아서 상대방에게 전달하는 것이죠. 물론 이미지나 영상 등을 통해서도 전달할 수 있지만 지식을 주고받는 가장 기본적인 방법은 역시 말과 글입니다.

　여러분이 하루에 수십, 수백 통씩 주고받는 모바일 메시지도 언어로 하는 소통이고, 책을 보고 수업을 들을 때도 대부분의 정보는 언어를 통해 전달돼요. 그래서 언어를 잘하면, 책의 내용이나 선생님이 전달하시는 정보를 빠르고 깊게 파악할 수 있죠.

　하지만 많은 학생이 의외로 국어 과목의 중요성을 간과하는 것 같아요. '한국어, 그거 뭐 말하고 쓸 줄 알면 되는 거지. 공부가 필요

언어라는 공 안에 넣은 지식을 습득해야 합니다.

한가?'라고 생각하죠. 하지만 사람마다 말과 글의 수준 차이가 분명히 있습니다. 공부를 잘하는 친구의 비밀은 어쩌면 높은 언어 능력에 있을 수도 있어요. 언어 능력이 좋으면 똑같은 수업 시간에도 다른 친구들보다 더 빠르게 많은 지식을 습득할 수 있거든요. 그래서 언어 공부는 전반적인 습득력에 매우 중요한 역할을 합니다.

앞서도 이야기했지만 저는 초등학교 2학년부터 6학년 초까지 글짓기 학원에 다녔습니다. 지금 생각해보면 초등학생에게는 꽤 어려운 수준의 책들을 읽었고, 매주 독후감이나 글을 썼습니다. 여기에 신문 사설 스크랩 및 요약, 시조 외우기, 소설 뒷이야기 작문, 그해 수능 언어 영역 문제 풀이까지 다양한 활동을 했어요.

저학년 때는 100~200쪽 정도 되는 어린이 명작 소설, 고학년부터는 조금 난이도가 있는 소설과 논픽션을 읽고 독후감을 썼습니다. 물론 그 당시 모든 내용을 완벽히 이해하진 못했지만, 그때 익힌 언어의 감각이 학창 시절은 물론 성인이 된 지금까지도 많은 도움이 되고 있어요.

저는 사람들에게 초등학생 때 한 공부로 수능의 언어 영역을 봤다고 말합니다. 알게 모르게 그때의 언어 훈련이 이후의 학업 속도와 이해, 암기에 많은 영향을 미쳤고요. 앞에서도 이야기했지만 똑같이 50분 수업을 들어도 더 많이, 빨리 지식을 습득할 수 있었습니다. 지금 제가 이렇게 책을 쓰고 있는 것도 그때의 언어 공부 덕이 8할 이상이라고 생각합니다.

학교 교과 과정에서 국어 시간이 가장 많다는 사실을 기억하시죠? 초등학교 고학년 기준으로 국어는 1년에 408시간으로, 그다음으로 많은 과학의 340시간보다 월등히 많으며 영어 204시간의 두 배나 된답니다. 이처럼 국어를 가장 중요하고 가장 많이 배워야 하는 과목으로 해놓은 데는 다 이유가 있는 거죠.

다만 저는 어렸을 때 책을 너무 많이 읽어서 중고등학교 때는 독서가 다소 지겨워지더군요. 여러분은 책을 무조건 많이 읽을수록 좋다는 생각에 무리해서 읽지 말고 자신의 수준과 상태에 맞게, 독서가 지겨워지지 않도록 균형을 맞추며 읽어보세요.

• 상대를 존중하면 더 많은 것이 들린다 •

———

습득력 향상의 두 번째 방법은 '존중'입니다. '습득력과 존중이 무슨 관계죠?'라는 생각이 들 거예요. 그런데 혹시 좋아하는 선생님이 가르치는 과목의 성적이 올랐던 경험 없나요? 습득력이란 결국 상대가 전달하는 것을 내가 얼마나 받아들이느냐의 문제인데, 내가 좋아하고 존중하는 상대가 하는 이야기에는 무의식적으로 더 귀를 기울이게 되고, 의심 없이 수용하기 때문에 습득력이 좋아집니다. 그래서 나도 모르게 좋아하는 선생님이 가르치는 과목 성적이 올라가는 거죠.

생각보다 수업 시간 선생님의 말씀에 귀를 기울이지 않는 친구가 많답니다. 공부를 정말 잘하는 학생치고 '학교에서는 자고 학원에 가서 공부하면 된다'라고 말하는 학생은 없습니다. 내게 지식을 전달하는 선생님의 존재와 선생님께서 해주시는 수업 내용을 인정하고 존중한다면, 그 사람의 말과 글을 더 많이 받아들이고 성적은 자연스럽게 올라갑니다.

물론 모든 선생님과 모든 과목을 좋아하고 존중하기는 정말 어려워요. '저 선생님은 진짜 이상해'라고 생각되는 사람도 많겠죠. 이럴 때는 선생님은 제외하고 수업 내용만이라도 집중해보는 건 어떨까요? 어른이 되어서도 강의를 듣게 되는 경우가 많은데, 저는 여전히

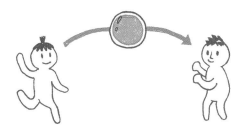

상대를 존중하고 상대에게 집중해야 잘 받을 수 있겠죠?

'저분은 어떤 이야기를 할까? 새롭고 재미있는 무언가가 있을까? 저 사람의 이야기를 통해 어떤 것을 얻을 수 있을까?' 하고 생각합니다.

선생님의 얼굴을 뚫어지게 쳐다보는 학생이 공부도 잘한다고 하죠? 이런 생각을 하면 교단에 서 있는 선생님에게 집중할 수 있고, 그분의 눈을 바라보게 됩니다. 이런 마음과 행동이 습관화되면 같은 수업을 듣더라도 다른 사람보다 더 많은 내용을 습득할 수 있습니다.

· 선입견이라는 방패를 치우자 ·

습득력을 키우는 세 번째 방법은 선입견을 없애는 것입니다. 습

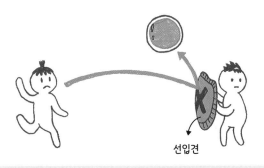

선입견

선입견은 상대의 말을 튕겨내는 방패와 같습니다.

득의 과정에는 사람이든, 책이든, 동영상이든 무언가를 전달하는 상대가 있고, 그 중심에는 이 모든 것을 받아들이는 '나'가 있습니다. 그리고 그 사이에 나의 선입견이 방패처럼 존재합니다. 선입견이란, 나 스스로 '이게 맞지. 저건 아닌데'라고 미리 갖고 있는 마음이에요.

사회 선생님이 학교에 하루 못 나오시게 되어 국어 선생님이 대신 사회 과목을 수업한다고 해봅시다. 어떤 친구는 '국어 선생님이 사회를 어떻게 알아. 분명 제대로 못 가르칠 거야'라고 생각하고, 또 다른 친구는 '국어 선생님이 사회도 잘 아시나 봐. 그러니 대신 들어오셨겠지. 기왕 이렇게 된 거 사회 선생님보다 더 재미있게 가르쳐주시면 좋겠다'라고 생각합니다. 두 친구에게 똑같은 상황이 주어졌지만 생각은 완전히 다르죠. 첫 번째 친구는 대상에 신뢰가 없는 상태에서 듣기 때문에 습득력이 떨어질 것이고, 두 번째 친구는 흥미가 있기 때문에 더 많은 것을 습득하게 됩니다.

이는 생각보다 큰 차이를 만드는데, 선입견은 우리가 무엇을 하든 언제나 영향을 미치기 때문이에요. 유명한 학원 강사의 인터넷 강의는 많은 학생에게 증명된 만큼 내용이 훌륭할 거라고 생각하고, 베스트셀러를 쓴 유명 저자의 책은 재미있고 내용도 유익할 거라고 생각하죠. 반대도 마찬가지예요. 선생님 말씀이나 책의 내용을 그대로 받아들이는 것 같지만, 사실 이 선입견 때문에 지식을 객관적으로 습득하기가 꽤 어렵습니다. 따라서 부정적인 선입견을 최대한 배제하고 상대의 이야기를 듣는 것이 중요해요. '저 선생님이 뭘 알겠어? 빨리 끝났으면 좋겠다'라고 생각하면 절대 습득력을 높일 수 없고 성적 역시 올리기 어렵습니다.

하지만 학생 여러분이 어른보다 이 선입견이라는 방패를 다루기 훨씬 유리하다는 사실을 아시나요? 어른이 되면 아는 것도 많아지고 자기 생각이 더 단단해져서 다른 사람의 이야기를 잘 듣지 않고 비판하는 일이 많아집니다. '이건 이렇다. 저건 저렇다' 하면서 자신의 기준으로 판단하면 습득력이 떨어져요. 주변에 여러분이 무슨 얘기를 해도 들으려 하지 않고, 말이 통하지 않는 어른이 한 명씩은 있죠? 그게 바로 선입견 때문이에요. 선생님 말씀에 콧방귀를 뀌고, 선생님을 무시하며 수업 시간에 대놓고 잠자는 행동은 그런 어른의 행동과 다르지 않아요. 혹시 선입견의 방패를 지녔다면 이를 거두고 상대의 이야기를 그대로 받아들이는 연습을 해보세요.

✦ 습득은 각각의 지식을 구조화할 때 완성된다 ✦

습득력은 이해력과 깊은 관계가 있습니다. 습득한 각각의 지식이 공이라면, 이해는 그 공들을 내 머릿속에 차곡차곡 분류해서 넣는 것이라 할 수 있어요. 이 공들이 잘 정리되어 있으면 새로운 공들이 머릿속에 들어와도 재빨리 분류할 수 있지만, 그렇지 않으면 어디론가 굴러가 사라져버립니다. 그렇기 때문에 머릿속에서 정리되지

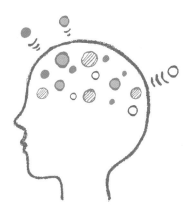

정리되지 않은 지식은 머릿속에서 뿔뿔이 흩어집니다.

않고 단순히 외운 지식들은 쉽게 잊힙니다.

　이해를 바탕으로 지식을 습득한다면 '아, 이건 내가 알던 이 내용에서 확장된 개념이구나'라고 빠르게 받아들일 수 있습니다. 그러면 선생님께서 진도를 쭉쭉 나갈 때도 뒤처지지 않고 따라갈 수 있죠. 반대로 앞의 내용을 이해하지 못하면 새로운 걸 공부할 때 각각의 단어가 무슨 뜻인지는 알아도 전체 내용이 머리에 들어오지 않아 쉽게 흩어져버립니다. 특히 고등학생이 되면 습득해야 할 내용이 많아져 이러한 능력이 공부와 성적에 더 큰 영향을 미치게 됩니다. 아무리 공부해도 성적이 오르지 않는다면 제대로 이해되지 않은 상태에서 새로운 내용만 무작정 집어넣는 식으로 공부하지는 않는지, 머릿속 지식 공들이 갈 곳을 잃고 어딘가 굴러가 사라진 건 아닌지 생각해볼 필요가 있습니다.

2장

이해력
본질을
파악하는 능력

✦ 남을 가르치며 내가 공부한다 ✦

'이해력이 좋아야 응용문제를 잘 풀 수 있고, 고학년이 되었을 때 진도를 쉽게 따라갈 수 있다'라는 이야기를 들어본 적 있나요? 그런데 정작 이해력이 무엇인지, 어떻게 공부해야 하는지 알려주는 곳은 많지 않은 것 같아요. 심지어 이해했다는 게 어떤 의미인지조차 모르는 학생이 많아 보입니다. 지금부터 어떤 과목이든 내가 내용을 정말 이해했는지 못 했는지 판단할 수 있는 비법, 이해력의 정의를 알려드릴게요.

'내가 배운 내용을 누군가에게 가르칠 수 있는가?'

이 질문이 바로 이해력의 판단 기준입니다. 책을 보지 않고도 가르칠 수 있다면 이해했다고 할 수 있어요. 반대로 가르치다가 중간에 막힌다면 그 부분에 대한 이해가 아직 부족하다고 할 수 있습니다. 스스로 이해했다고 생각했는데, 정작 설명하려고 하니 잘 안 된다면 그건 습득은 했으나 이해를 했다고는 말할 수 없는 상태입니다. 앞에서도 말했듯이 그런 내용은 단순 암기일 가능성이 높아서 다음 날이 되면 흩어지는 공처럼 쉽게 잊어버리기 마련이에요.

이처럼 이해력을 높이기 위한 첫 번째 비법은 바로 '가르치는 공부법'입니다. 저는 중고등학생 때 이 가르치는 공부법을 실제로 많이 활용했고 또 효과를 봤습니다. 방법은 간단해요. 내가 선생님이 되었다고 생각하고 공부한 내용을 가르치듯이 말하면서 공부하는 겁니다. 예를 들어 국사 과목은 먼저 교과서를 쭉 읽고 내용을 습득합니다. 역사적 사건들의 전후 관계가 얼추 이해됐다고 판단되면, 그다음은 책을 살짝만 들춰보면서 누군가에게 가르치듯이 말해봅니다.

이때 중요한 점은 속으로만 되뇌지 말고 입 밖으로 소리를 내야 한다는 것입니다. 이와 더불어 실제 선생님이 하시는 것처럼 칠판에 내용을 써가면서 하면 더 좋은데요, 집에는 칠판이 없으니 대신 연습장에 주요 내용과 그림을 그려가면서 강의해보세요. 저는 중간 중간 "알겠죠?"와 같은 추임새를 넣어가면서 했는데, 은근히 공부에 리듬감이 생겨 재미있습니다.

이해력 측면에서 이 방법은 여러 장점이 있습니다. 이 방법대로 공부하다 보면 끝까지 잘 가르쳐질 때가 있고, 중간에 막히는 부분이 생기기도 해요. 그럼 중간에 막힌 부분만 다시 책을 보고 이해하면 되는데, 전체를 다 볼 필요 없이 몰랐던 부분만 찾아보면 되므로 공부의 효율이 좋아집니다. 또 가르칠 수 있는 수준이 되었다는 건이미 내용이 머릿속에 자리를 잡아 쉽게 잊히지 않는다는 것을 뜻하므로 스스로 해당 내용에 자신감이 생깁니다.

많은 학생이 '내가 정말 이걸 다 외웠을까?', '모두 이해했을까?' 하는 불안감에 아는 부분을 재차 보는 경우가 있는데, 과감하게 아는 부분은 넘어가고 다른 공부를 할 수 있게 되는 거죠. 필요한 공부와 필요하지 않은 공부를 구분할 수 있기 때문에 스스로 해당 내용을 이해했는지 판단하는 건 매우 중요합니다.

저는 특히 공부하다가 너무 졸리거나 지루하면 이 가르치는 방법을 활용했어요. 입으로 말하고 귀로 듣는 감각을 함께 사용하니 멍했던 머리가 깨어납니다. 조용히 입을 다물고 책만 보면서 공부하면 눈과 펜을 잡는 손만 사용하게 되죠. 반면 가르치는 공부법은 목소리를 내고, 말하고, 귀로 듣고, 때로는 그림까지 그리면서 하기 때문에 시각과 청각, 촉각을 동시에 사용하게 됩니다. 같은 내용을 더 많은 감각을 통해 습득할 수 있어요.

◆ 이야기를 만들면 암기가 필요 없다 ◆

우리는 절대 교과서의 모든 내용을 암기할 수 없습니다. 무슨 수로 그 두꺼운 책의 모든 내용을 기억하겠어요. 하지만 공부 잘하는 학생들은 시험 문제의 대부분을 맞히는데, 그 비밀은 이해력에 있습니다. 그런 친구들은 내용을 암기하는 대신 이해합니다. 다시 말해 글을 읽고 요약하고 구조를 파악한 후 이를 논리적인 이야기로 만듭니다.

가르치는 공부법 다음으로 이해력을 높이는 두 번째 공부법은 바로 '논리적인 이야기 만들기'입니다. 많은 학생이 암기 과목으로 알고 있는 국사가 사건의 전후 관계에 대한 이해가 중요한 '이해 과목'에 더 가깝다는 사실을 아시나요? 국사는 단순히 전체를 외우지 말고 이해를 통해 큰 줄거리를 머릿속에 잡아놓고, 그다음에 세세한 부분을 암기하는 방식으로 공부하는 게 훨씬 효과적입니다. 예를 들어, 국사를 공부하던 중 다음과 같은 내용이 나왔다고 가정해봅시다.

국보 제53호인 구례 연곡사 동 승탑입니다.

통일신라 말기에 선종이 널리 퍼지면서 승려들의 사리를 봉안하는 승탑과 탑비가 유행하였다. 팔각원당형을 기본형으로 삼고 있는 승탑과 승려의 일대기를 비에 새겨 세운 탑비는 세련되고 균형감이 뛰어나 이 시기 조형 미술을 대표한다. 이런 승탑과 탑비는 지방 호족들의 정치적 역량이 성장하였음을 반영하고 있다.

먼저 보통 학생들의 방법대로 단순히 암기해볼게요. 흔히들 주요 단어를 중심으로 내용을 외우려고 하죠. 순서대로 '통일신라 말기', '선종', '승탑', '탑비', '팔각원당형', '조형 미술 대표', '지방 호족', '정치적 역량 성장' 등이 보이네요. 과연 이렇게 무작정 외워도 시험에서 내용을 제대로 기억할 수 있을까요? 무슨 내용인지, 무엇을 말하려는 것인지 이해하지 않은 상태에서 나열된 단어만 암기하면 며칠 후 이 단어들은 흩어진 공처럼 머릿속에서 사라지고 말 겁니다. 그런데 실제로 많은 학생이 이렇게 공부하고 있고, 그렇기 때문에 암기 과목을 힘들어하죠. 공부 잘하는 학생은 아래와 같이 자신만의 논리적인 이야기로 만들어서 이해합니다. 차이가 무엇인지 비교해 보세요.

> 불교의 종파에는 교종과 선종이 있는데, 통일신라 시대에 중앙 귀족들은 교종을, 지방 호족들은 선종을 믿었다. 그런데 이 지방 호족들의 세력이 강해지다 보니, 돈도 덩달아 많아졌다. 자기들이 믿는 선종의 위세를 떨치기 위해 승탑과 탑비의 건설에 돈을 충분히 들일 수 있게 되었고, 그 결과 이전 시대보다 세련되고 감각이 뛰어난 것들이 만들어져 이 승탑과 탑비가 시대를 대표하는 조형 작품이 되었다. 어느 시대든 말기가 되면 기존 중앙 세력에 대응하는 지방 세력이 등장하는데, 선종의 유적인 승탑과 탑비의 발전에서 이 지방 호족들의 성장을 유추할 수 있다(또 앞으로 이 새로운 지방 세력에 의해 신라의 중앙 세력이 흔들릴 것이라고 예측해볼 수 있다).

차이가 느껴지나요? 위의 글을 살펴보면 처음 글에서 전달하고자 하는 내용 각각에 논리적인 인과 관계를 만들었습니다. 내용에

짜임새를 만들고 구조화한 것이죠. '이 때문에 결과가 이렇게 되었고, 유추할 수 있는 내용은 이러하다'와 같이 굳이 암기하지 않아도 자연스럽게 앞뒤 정황을 이해할 수 있습니다.

이는 앞서 이야기한 가르치는 공부법과도 맥이 통하는데, 마치 누군가에게 설명하기 위한 글 같죠? 처음 글보다 더 긴데도 오래 기억하는 데는 더 유리합니다. 내용을 완전히 소화해서 머릿속에서 자리를 잡았기 때문인데요, 이것이 바로 '이해'이고 이것을 잘하는 능력이 '이해력'입니다. 처음부터 바로 잘 되기는 어렵지만 국사 말고도 많은 과목에서 활용할 수 있겠죠?

✦ 이해력의 열쇠는 생각을 구조화하는 것 ✦

이해력을 높일 수 있는 마지막 방법은 생각의 '구조화'입니다. 구조화란 각 요소들 사이에 관계를 만들어 구성하는 것을 의미하죠. 앞서 살펴보았듯 단순히 '통일신라 말기', '선종', '승탑', '탑비', '팔각원당형' 등등이라고 나열하면 각 단어들 간의 관계가 불분명하여 흩어져 있는 공처럼 존재하게 됩니다. 이러면 어떤 것이 중요하고 어떤 것이 덜 중요한지 알기 어렵고, 모든 단어를 열심히 외울 수밖에 없습니다. 중요하지 않은 것을 외우느라 시간과 노력을 너무 많

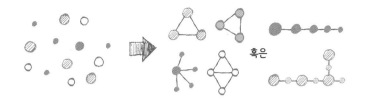

이 들이는 실수를 범하기 쉽죠.

'구조화한다'는 것은 마치 마인드맵을 그리는 것과 같습니다. 각 요소들을 비슷한 것끼리, 인과 관계가 있는 것끼리 연결하고, 반대되는 것은 멀리 떨어뜨리는 방식으로 배치하고 연결시키는 겁니다.

이런 구조를 만들면 암기해야 하는 양이 획기적으로 줄어듭니다. 서로 엮인 것들을 하나의 덩어리로 외울 수 있거든요. 그리고 이렇게 엮인 것을 다시 한번 비슷한 속성을 가진 것끼리 묶어서 '생각 바구니'를 만들어 그 안에 넣습니다. 이 생각 바구니는 '지식의 분류'라고 할 수 있습니다.

뿔뿔이 흩어져 있던 지식을 비슷한 것끼리, 서로 인과 관계가 있는 것끼리, 서로 반대되는 것끼리 나름의 방식을 기준으로 정리한 후 이를 다시 비슷한 것끼리 모아서 각각의 생각 카테고리 바구니에 넣는 거죠. 그리고 이 바구니도 그 특징에 따라 머릿속에 배치해

비슷하게 묶인 지식을 모아 각각의 바구니 안에 넣습니다.

놓으면 많은 지식이 체계를 가지고 존재하게 됩니다.

인터넷 강의나 책을 통해 많은 정보가 머리에 빠르게 들어와도 이를 머릿속에 마구 쌓아놓는 것이 아니라, 내용에 따라 각각의 바구니에 넣어서 바구니(분류)별로 기억하게 되므로 머리에 부담이 덜 가고, 습득 속도도 빨라집니다. 공부를 잘하는 친구들은 이 바구니가 더 깊고 많으며 체계화되어 있어요. 그러므로 많은 양의 정보가 들어와도 바로 머릿속에 저장할 수 있습니다. 이렇게 지식들을 체계화해서 내 것으로 만드는 능력이 바로 이해력입니다.

어떤 대학교 교수님께서 "나는 무언가를 생각할 때 머릿속에 있는 생각의 서랍에서 그 내용을 꺼내봅니다. 또 새로운 지식을 습득하면 가장 적합한 생각의 서랍에 그 지식을 정리해서 넣습니다"라고 말씀하신 적이 있어요. 그분은 바구니 수준이 아니라 이를 서랍으로 정리해서 마치 도서관처럼 머릿속에 체계적으로 지식을 구성해놓은 것이죠.

조금 어렵죠? 앞에서 예로 든 국사 지문을 다시 한번 그림으로 정리해볼게요. 그 내용을 어떻게 구조화하고 어떤 생각의 바구니를 만들 수 있을까요? 먼저 글의 주제를 뽑고 이를 구조화합니다. '교종을 믿었던 중앙 귀족과는 달리 지방 호족은 선종을 믿었고 위협적인 세력으로 성장했다'라는 내용이 주제인데, 이를 그림으로 표현해보겠습니다. '에이, 모르겠다'라며 포기하지 말고 한번 천천히 따라와보세요.

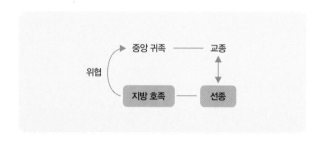

선종의 유물이 승탑과 탑비이며, 높아지는 위세와 함께 돈이 많아지면서 승탑과 탑비도 점점 세련되게 발전했죠. 이 발전된 유물이 성장한 지방 호족들의 위상을 설명해줍니다.

이 정도만 되어도 내용이 상당히 구조화되었습니다. 앞서 단순히 단어를 각각 암기할 때에 비해 훨씬 간단하고 논리가 생겼죠. 이렇게 먼저 구조화하며 이해한 뒤 암기하면, 시험을 볼 때 만약 잠시 개

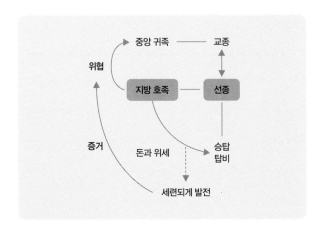

넘이 떠오르지 않아도 주변 내용들로 정답을 유추할 수 있습니다. 저 역시 이 방법으로 시험에서 여러 번 위기를 넘겼죠. 지금 똑같이 한번 따라 그려보세요. 줄글로 쓰여 있는 것을 보는 것보다 훨씬 이해가 쉬울 겁니다.

이제 여기서 한 발 더 나아가 생각 분류 바구니를 만들어봅시다. 세 가지 정도를 만들 수 있을 것 같은데요, 지방 세력과 중앙 세력의 대립, 선종 및 교종에 의한 종교와 정치의 관계, 돈과 위세에 따른 문화의 발전 등을 생각해볼 수 있겠네요.

이런 방식으로 접근하면 가장 중요한 내용이 무엇인지 쉽게 파악할 수 있습니다. 당연히 가장 중요한 내용은 구조도의 중앙에 있는 지방 호족 세력과 선종의 성장, 그 증거가 되겠죠. 그리고 응용문제가 나온다면, 저 바구니의 내용을 중심으로 나올 겁니다. 신라가 아

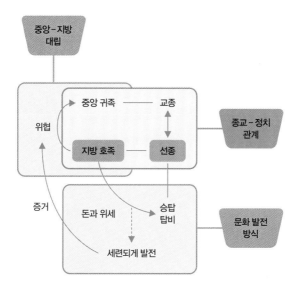

닌 다른 나라에서 나타나는 중앙과 지방 세력의 대립이나, 신라가 아닌 다른 사회에서 나타났던 종교와 정치 관계, 혹은 돈과 문화 발전의 상관관계에 대한 문제들이 서술형 문제로 출제될 수 있겠죠.

예를 들어, 가장 위쪽 생각 바구니인 중앙과 지방의 대립은 통일 신라뿐 아니라 백제에도 있었고, 조선 건국 시기에도 있었습니다. 심지어 현대로 와서, EU(유럽연합)에서 탈퇴한 영국의 '브렉시트 사건'도 이러한 중앙 세력과 지방 세력의 대립으로 생각해볼 수 있습니다. 이렇게 지식의 분류인 생각 바구니를 체계적으로 잘 만들어 놓으면, 어떤 응용문제가 나와도 그 바구니의 내용을 바탕으로 확장하여 생각할 수 있습니다.

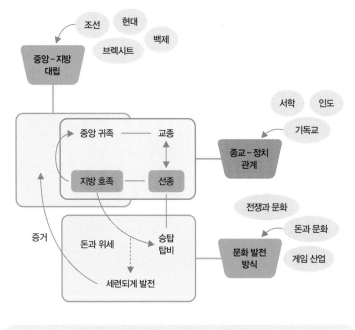

생각 바구니에서 응용되어 확장하는 내용들입니다.

이런 방식으로 생각하면 다음과 같은 특목고 및 자사고 입시나 대학 면접 같은 어려운 응용문제도 풀 수 있습니다. 함께 생각해볼까요? 어렵다고 자괴감에 빠지지는 말아요. 매우 난이도가 높은 문제니까요. 이런 문제가 바로 유명 대학이나 자사고, 특목고의 입시 문제 유형인데, 심지어 영어로 출제되기도 합니다. 사실 특목고나 대학 입시 문제가 이런 형식을 띤다는 건, 앞으로의 교육이 이런 방향으로 진행된다는 것을 의미해요. 더 이상 공부를 잘하는 친구들

통일신라 말기, 위세가 날로 강해지던 지방 호족들이 믿었던 선종의 유물인 승탑과 탑비는 당대의 대표적인 유물로 평가된다. 현대 게임 산업 및 문화의 발전과 신라 말기의 본 현상을 자본과 문화의 관점에서 그 상관관계를 설명하라.

에게만 해당되는 이야기가 아닌 거죠.

이런 변화에 적응하는 데에는 제가 앞서 이야기한 습득과 이해의 과정 및 생각 분류 바구니를 정리하고 확장하면서 공부하는 것이 큰 도움이 됩니다. 실제로 공부를 잘하는 친구들의 머릿속은 이러한 방식으로 정리되고 움직이고 있어요. 그래서 그 많은 내용을 기억할 수 있고 응용할 수 있는 거고요. 이렇게 수많은 지식을 정리해 머릿속에 효과적으로 배치하고 내 것으로 만드는 과정이 바로 '이해'입니다. 이 과정을 얼마나 잘하느냐가 바로 '이해력'인 것이죠.

이해를 통해 생각 바구니를 많이 만들고 잘 체계화하면, 수업이나 책으로 새로운 지식을 습득할 때 빠르게 기존 지식과 비교하고, 이해하고, 적절한 바구니에 넣어 기억할 수 있습니다. 이런 방식으로 공부하면 덩달아 습득력도 높아집니다.

어렵죠? 걱정할 것 없습니다. 저도 이걸 10대에 공부할 때는 아무도 알려주지 않았었고, 잘 모르는 채로 무작정 열심히 공부했었어요. 일단 한번 읽어보고 '이런 게 있구나'라고 스스로 생각만 한 번 해봐도 도움된답니다. 그리고 스스로 공부 질문을 한번 해보는 거죠. '방금 이해력 파트를 읽으면서 나는 무엇을 새로 알게 되었고, 그것을 어디에 활용할 수 있을까?'라고요. 그것만으로 충분합니다.

◆ 본질을 파악하면 무한히 적용할 수 있다 ◆

주변에 혹시 공부도 잘하고, 예체능도 잘하고, 대화도 잘하고, 성격도 좋은 '사기캐' 같은 친구들이 있나요? 그 친구들이 다방면에 유능한 것은 보통 높은 이해력을 바탕으로 공부의 본질을 정확히 파악하고 있기 때문입니다. 이 일이 왜 발생했고, 어떻게 풀면 되는지 그 본질을 파악하기 때문에 어떤 상황에서도 적절하게 행동할 수 있고, 또 새로운 일에도 쉽게 적용할 수 있습니다.

제게 이 사실을 깨닫게 해준 경험이 하나 있습니다. 고등학생 때였던 것 같습니다. 미술 시간이었는데, '나폴레옹의 대관식'이라는 작품을 보게 되었어요. 그때 선생님께서 "이 그림에서 나폴레옹이 주인공이므로 빛을 가장 많이 받아 밝고 화려하게 표현되어 있어요. 다른 인물들은 중요도에 따라 차례대로 점점 더 어둡고 단순하

나폴레옹의 대관식. 주인공인 나폴레옹을 가장 밝고 화려하게 그렸고, 다른 인물들은 중요도에 따라 점점 어둡고 흐리게 그렸습니다.

게 표현되었죠? 관람자들이 이 그림을 볼 때, 가장 중요한 주제부터 중요하지 않은 부분까지 순서대로 시선이 가도록 했어요. 이 방법이 잘 표현되었기 때문에 당대의 훌륭한 작품으로 평가받기도 하죠"라고 설명해주신 적이 있습니다.

저는 이를 미술에만 한정하지 않고 '중요한 것은 눈에 띄게 하고 중요하지 않은 것은 순차적으로 보이도록 하자'는 생각의 분류 바구니를 만들었어요. 그 후부터 발표 과제를 준비할 때도 '어떻게 하면 중요한 발표 주제를 가장 먼저 눈에 띄게 배치해서 선생님과 친구들이 한눈에 알아보게 할 수 있을까?', 필기할 때도 '나중에 다시 볼 때 가장 중요한 내용이 무엇인지 한눈에 알 수 있도록 하려면 어떻게 해야 할까?' 등 그 생각 바구니의 활용 영역을 점점 넓혀나갔

공부 잘하는 머리가 되는 4가지 조건

습니다. 그러다 보니 공부할 때뿐만 아니라 어떤 상황에서도 응용을 잘할 수 있게 되더라고요.

물론 학생일 당시에는 지금처럼 구체적으로 깨닫지는 못했지만, 나중에 돌아보니 결국 이런 방식으로 계속 생각하고 있었더군요. 본질을 한번 파악하고 나니 삶의 다방면에 적용할 수 있었습니다. 참고로 저는 미술에 관심이 많아서, 미술을 활용한 생각 바구니를 만들었지만 여러분은 각자 좋아하고 깊이 이해하는 분야를 활용하면 좋을 것 같습니다.

생각의 바구니를 체계적으로 잘 만들어놓으면 과학이든, 언어든, 사회든 어떤 분야의 일과 맞닥뜨려도 재빨리 이해하고 문제를 해결할 수 있습니다. 앞으로 여러분이 살아가게 될 사회는 더 빠르게 변하고, 새로운 것들이 만들어지고 또 사라질 겁니다. 지금까지 듣도 보도 못한 일과 문제가 계속 생겨날 텐데, 그것에 효과적으로 대응할 수 있는 사람이 훌륭한 인재로 평가받게 됩니다.

'급변하는 사회의 흐름 속에서 인공지능을 가장 효과적으로 활용하는 방법은 무엇일까?', 'SNS의 수많은 친구를 활용해 재미있는 무언가를 해볼 수는 없을까?' 등 지금껏 존재하지 않았던 질문과 일을 마주할 때, 이 생각 바구니와 이해력이 큰 도움이 될 것입니다.

3장

창의력
나만의 생각을
만드는 능력

✦ 창의력을 만드는 쉬운 방법 ✦

요즘 창의력이라는 말 자주 듣죠? '창의력 공부를 해야 한다', '주입식 공부로는 창의력을 키울 수 없다' 등등 뉴스나 신문 등에서 자주 봤을 거예요. 한편으로는 '국영수 공부하기도 힘든데, 창의력까지 공부해야 하나', '창의력 공부하다가 대학 못 가면 어떡하지'라는 생각을 해본 친구들도 있을 거예요.

여러분이 사회에 발을 내딛는 앞으로의 삶은 현재보다 더 빠르게 변하고, 그 방향성을 예측하기 어렵기 때문에 새로운 것을 만들어내는 창의성이 그 어느 때보다도 중요해집니다. 그뿐만 아니라

요즘 교육의 방향성과 입시 면접 문제를 보면 '이런 문제까지 나오나' 싶을 정도로 창의력을 요구하는 문제가 자주 등장하죠. 유명 자사고와 대학 입시에 출제되었던 문제 몇 개를 예로 들어볼게요.

문제가 참 재미있죠? 자신만의 독창적인 대답을 요구하는 문제들입니다. 심지어 인성 면접 중에는 '내가 너에게 뭘 물어볼 것 같니?'와 같은 전혀 예측 불가능한 문제도 있었습니다. 사회가 변하면서 공부의 방향성도 창의성을 필요로 하는 쪽으로 바뀌고 있어요.

하지만 이렇게 이슈화되고 있는 창의력에 대해 '창의력이란 무엇이고, 어떻게 공부하면 발달시킬 수 있다'라는 명확한 해답을 제시해주는 사람은 참 없습니다. 학생 여러분 중에도 창의라는 건 발명가나 천재들이 '짠'하고 만들어내는 것으로 생각해 "나는 별로 창의적이지 않아", "그런 건 필요 없어"라고 말하는 경우가 많은데요, 절대 그렇지 않습니다. 창의력에 대해 제대로 알기만 하면 누구나 창의적인 사람이 될 수 있습니다.

저는 20대에 창의 기업 컨설팅 분야에서 일했습니다. 기업이 새로운 제품이나 서비스를 만들어야 할 때 이에 대한 아이디어를 만들고 컨설팅해주는 신종 직업입니다. 혹시 LG전자에서 판매하고 있는 옷장형 세탁기인 '스타일러'나 360도 공기청정기를 본 적이 있나요? 이는 모두 제가 다니던 회사에서 비롯된 아이디어들이죠.

이렇게 창의력을 발휘해 새로운 제품과 서비스를 생각하다 보니 '대체 창의적인 생각은 무엇이고, 창의력을 발달시키기 위해서는 어떤 공부를 해야 하는지' 고민하게 되었습니다. 그렇게 고심한 끝에 다다른 결론 중 하나는 이 창의력이 습득력과 이해력을 바탕으로 해야 쉽게 발휘된다는 것이었습니다. 그냥 무턱대고 튀는 생각을 한다고 해서 창의적인 게 아니라는 것이죠. 그럼, 창의력을 기를 수 있는 쉽고 재미있는 세 가지 방법을 살펴봅시다.

기존의 요소 바꾸기

창의력은 생각 분류 바구니에서 출발하는 경우가 많습니다. 가장 간단한 방법은 구성 요소를 다른 것으로 바꾸면서 새로운 것을 생각해보는 거예요. 이해하기 쉽게 설명해볼게요.

우리 주변에는 세 가지로 이루어진 것들이 참 많습니다. 음식을 예로 들면 '밥-국-반찬', '햄버거-콜라-감자튀김', '떡볶이-튀김-순대' 같은 것들이죠. 두 가지로 구성하는 것보다 더 다양하고 풍족한 느낌을 주기 때문일까요? 이 세 가지 요소 중 하나 또는 두 개를 바꿔봅시다.

햄버거, 콜라, 감자튀김에서 감자튀김을 밥으로 바꾸면 어떻게 될까요? '밥버거'라는 새로운 메뉴가 만들어집니다. 또 햄버거를 떡볶이로 바꾸면, 즉석 떡볶이 집에서 볼 수 있는 떡볶이, 감자튀김 세트가 됩니다. 감자튀김을 햄버거로 바꾸면? 늘 배고픈 학생들을 위한 햄버거 두 개에 콜라로 구성된 세트 메뉴가 탄생하죠.

이렇게 하나의 생각 바구니에 담긴 구성 요소를 다양하게 바꿔보는 것만으로도 창의성이 발휘됩니다. 이 방법은 음식에만 해당되는 것이 아니라 시조의 초장, 중장, 종장의 구성을 바꾸고, 글의 서론,

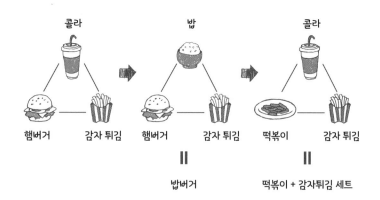

본론, 결론의 구성을 바꾸고, 사회의 입법, 사법, 행정의 구성을 바꾸는 것 등으로 무한히 확장할 수 있어요.

중학생일 때 창의력 경진 대회를 준비한 적이 있습니다. 그때 주어진 문제가 축구나 배구, 농구 등 이미 있는 스포츠 종목 외에 새로운 구기 스포츠 종목을 만드는 것이었어요. 그때 선생님과 함께 접근했던 방법이 이 요소 바꾸기였습니다.

예를 들어 야구는 야구공, 글러브, 배트 등의 요소로 이루어져 있는데 이를 다른 것으로 바꿔보면 어떨까 생각했습니다. 배트를 테니스 채로 바꿔서 공이 멀리 날아가지 못하게 하면 어떤 스포츠가 될까? 야구공을 배구공처럼 큰 공으로 바꾸고 거대한 배트로 치면 어떻게 될까? 3루를 2루로 줄여서 삼각형 야구장을 만들면 규칙이 어떻게 바뀔까 등 기존 스포츠의 요소를 바꾸면서 새로운 가능성을 생각했습니다. 이처럼 여러분도 어떤 상황을 바라볼 때 그것들의 요소를 새로운 것으로 바꿔보면 자신만의 생각과 답을 만들어낼 수 있습니다.

서로 다른 생각 합치기

창의성을 발휘하는 또 다른 쉬운 방법 중 하나는 전혀 다른 내용을 합쳐보는 겁니다. 예를 들어 인문학에 컴퓨터 공학을 넣어보는 거죠. '컴퓨터 공학을 어떻게 인문학적으로 발전시킬 수 있을까?'

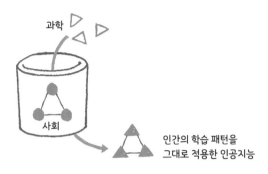

과학과 인문학을 융합해 알파고가 탄생했습니다.

하고 생각해볼 수 있습니다.

이러한 결과물이 바로 '알파고'입니다. 알파고는 사람이 지식을 습득하고 지혜를 얻는 과정을 컴퓨터가 비슷하게 할 수 있도록 만든 시스템입니다. 컴퓨터에 지식을 집어넣을수록 지혜를 쌓고, 지능이 생기게 되는 것이죠. 그렇게 해서 알파고는 바둑 세계 최강인 이세돌을 이길 만큼 지능을 쌓게 되었습니다.

또 새가 날아갈 때 공기 저항을 최소한으로 받는 유선형을 연구해 만든 스포츠카, 나무의 나이테를 모티브로 해서 만든 예술 작품 등이 서로 다른 생각 바구니를 합쳐서 나온 결과물입니다. 우리는 이를 '융합'이라고 부릅니다. 자사고 입시 면접 중에 '과학자의 입장에서 침체된 인문학을 살리려면 어떻게 해야 하는가?'와 같은 문제가 이러한 창의성을 요구합니다.

이러한 방식으로 창의력을 발휘하려면 먼저 다양한 분류의 생각 바구니가 머릿속에 있어야 합니다. 사회학을 과학에 넣어보고, 예술을 인문학에 넣어보고, 외국어를 한국어에 넣어보려면 말이죠. 그 과정에서 세상에 없던 새로운 분야가 만들어지고, 나만의 적성을 찾을 수 있습니다.

결국 책을 보고 많은 것을 경험하는 습득과 이해의 과정은 창의력에 큰 도움이 됩니다. 하지만 무조건 암기만 하고, 이를 이해하고 내 것으로 만들지 않는다면 머릿속 생각 바구니가 부족하기 때문에 창의성을 발휘하기 어려워집니다. 책을 보고 무조건 외우지 말고, 책에서 말하고자 하는 것이 무엇인지 이해하고 내 것으로 만드는 것이 그래서 중요합니다.

생각 확장시키기

앞서 이야기한 방법들이 조금 어렵다면, 가장 쉽게 따라 할 수 있는 방법을 알려줄게요. 바로 생각을 확장시키는 거예요. 간단하게 '한 개, 두 개, 세 개, 네 개, 다섯 개로 계속 확장시키면 어떻게 될까?' 하고 생각해보는 거죠.

앞에서 예를 든 햄버거 세트의 경우 햄버거 단품 한 개, 햄버거와 콜라 두 개로 구성된 세트, 햄버거·콜라·감자튀김 세 개로 구성된 세트에서 더 확장해 네 개를 합치면 어떻게 될지 생각해봅시다. '모두 느끼한 음식이니까 샐러드를 추가해볼까?', '양이 조금 모자란 것 같으니 너겟을 넣을까?', '음식을 다섯 개 혹은 여섯 개로 늘리면 어떻게 될까'를 생각해보는 겁니다.

실제로 이렇게 확장해서 커플 세트가 나오고 패밀리 세트가 나오게 된 것이죠. 통 크게 양을 더 늘려서 '우리 반 세트'를 만들면 어떨까요. 햄버거 30개에 음료 30개를 주문하면 30퍼센트를 할인해주는 '3·3·3 세트' 같은 것을 말이죠.

게임도 혼자서 하면 1인용 게임, 두 명이 하면 대전 게임, 세 명에서 다섯 명이 함께하면 멀티유저 게임, 더 많은 사람이 동시에 이용하면 온라인 MMORPG(Massive Multiplayer Online Role Playing Game, 대규모 다중 사용자 온라인 롤 플레잉 게임) 등으로 확장됩니다.

이렇게 계속 확장해나가면 어떤 것들이 생길까요? 동시에 백 명이 하는 줄다리기 게임이나 100 대 100 퀴즈 서바이벌 게임이 탄생하기도 하고, 사용자를 확장하면 사람이 아닌 동물, 예를 들어 강아지와 함께 할 수 있는 온라인 게임이 만들어질지도 모릅니다. 이렇

| 1인용
게임 | 대전
게임 | 3인용
게임 | 멀티유저 게임
카트라이더 등 | MMORPG
카톡 점수 경쟁 | 인간 VS 컴퓨터
100 대 100 게임 |

생각을 하나씩 덧붙이면서 확장하는 방법입니다.

게 구성 요소들을 확장하면 새로운 창의적인 아이디어가 탄생할 수 있습니다.

◆ 창의적이지 않은 사람은 없다 ◆

우리는 모두 다르게 생각하고, 자신만의 생각을 갖고 있어요. 한 반에 30명의 학생이 있다면 30개의 창의적인 생각이 존재합니다. 나와 똑같이 경험하고, 똑같이 사는 사람은 세상에 단 한 명도 없을 겁니다. 학교에서 함께 수업을 듣고, 같은 학원에 다니고, 항상 붙어 다니는 절친일지라도 스마트폰으로 검색해보는 인터넷 기사가 다르고, 거리를 거닐며 쳐다보는 간판도 다릅니다. 세상에 나와 똑같은 생각을 가진 사람은 없습니다. 즉, 내 생각은 세상에 하나밖에 없는 유일하고 독창적인 것이죠.

'창의'의 사전적 의미는 '새로운 의견을 생각해내는 것'입니다. 나와 같은 생각을 하는 사람은 없기 때문에 내 생각 자체가 곧 다른 사람에게는 새로운 생각, 새로운 의견이 됩니다. 즉, 타인과는 다른 나만의 생각을 갖고 사는 우리 모두는 창의적이라고 할 수 있습니다. '아닌데. 나는 별로 창의적인 것 같지 않은데'라고 생각하나요? 제 말이 믿기 어렵다고요? 그럼 다음의 그림을 보면서 얘기해보죠.

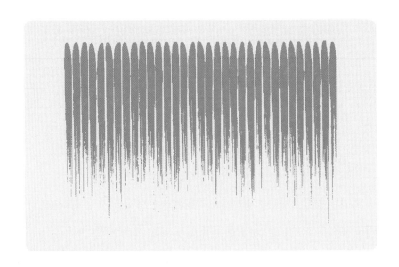

위 그림을 보면 무엇이 떠오르나요? 누군가는 손가락에 잉크를 묻혀 장난치는 아이가 생각날 수도 있고, 누군가는 멀리 보이는 산봉우리 같다고 생각할 수 있고, 피아노 치는 걸 좋아하는 학생은 건반을 두드리는 모습처럼 보일 수도 있어요. 여러분은 어떤 생각을 했나요? 저와 다른 생각을 하지 않았나요?

같은 그림을 보면서도 우리는 전혀 다른 생각을 합니다. 이것이 바로 우리 모두가 타인과는 다른 나만의 생각과 의견을 갖고 있으며, 창의적이라는 증거입니다. 나만의 생각을 갖는 것, 그것이 바로 창의력의 시작입니다.

◆ 창의력이란 나의 생각이다 ◆

지금까지 창의력을 키우는 세 가지 방법에 대해 이야기해봤습니다. 요소를 바꾸고, 서로 다른 것을 융합하고, 생각을 확장하는 방법 중 각자에게 맞는 것이 있을 겁니다. 어떤 친구는 요소를 바꾸는 것에 능하고, 어떤 친구는 이것저것 섞어서 새로운 것을 만드는 데 소질이 있을 수 있으며, 어떤 친구는 생각의 범위를 넓히는 걸 좋아하고 또 잘할 수 있어요. 어떤 방법이 재미있었나요? 내가 좋아하는 방향으로 생각하고, 그 생각을 말하는 것이 바로 창의입니다. 창의적인 것은 공부를 특별히 잘하거나 천재라 불리는 이들에게만 주어지는 것이 아닙니다.

왜 많은 학생이 스스로 창의적이지 않다고 생각하고, 창의적인 아이디어를 내기 어려워할까요? 여러 이유가 있지만 세 가지로 정리하면, 내 이야기를 하지 않아서, 나만의 생각이 없기 때문에, 또는 나만의 생각을 만들어주는 경험이 부족하기 때문입니다.

이 때문에 창의력이 부족해지고 '나는 창의적이지 않아'라고 생각하게 되는 겁니다. 그러므로 창의력이 요구되는 공부를 하거나 관련 문제가 나오면 당연히 하기 싫어집니다. '1,000년을 살 것인가, 10년씩 열 번을 살 것인가? 그 이유는 무엇인가?'라는 면접 혹은 논술 문제를 맞닥뜨리면 당황하게 되는 것이죠. '그런 생각은 한

번도 해본 적이 없는데', '아무도 이런 건 가르쳐주지 않았는데'라는 생각이 들 수도 있어요.

창의력 문제에 대한 해답은 아무도 가르쳐주지 않습니다. 내 생각을 표현하는 문제이기 때문입니다. 앞으로 이런 유형의 문제는 더 많아질 것이고, 자신 있게 내 의견을 말해야 하는데 겁을 먹거나 피하기만 한다면 더욱 공부가 하기 싫어질 겁니다. 그래서 창의력을 가로막는 세 가지 요인에 대해 조금 더 이야기해볼까 합니다. 각자 어느 부분을 보강하면 좋을지 생각해보면 더 좋겠죠?

◆ 비슷한 경험은 비슷한 생각을 낳는다 ◆

학교에 있는 시간은 어쩔 수 없지만, 수업이 끝나면 어느 정도 시간을 확보할 수 있습니다. 주말에도 꽤 많은 자유 시간이 생기고요. 그럴 때 보통 무엇을 하며 지내나요? 대부분 비슷한 일들을 합니다. 학원에 가거나 운동을 하고, 집에서 인터넷을 하거나 잠을 잡니다. 맛있는 음식을 먹으러 가기도 하고, 친구들과 게임을 하거나 노래방에 가는 정도일 겁니다. 어쩌다 한 번씩 문화 행사에 간다든지 스포츠 경기에 참여하는 등의 일이 생기죠.

기회가 생겨 어느 중학교 학생들과 대화를 나눈 적이 있었는데요, 학생 여러분들의 행동 다양성이 크게 욕, 화장, 축구, 게임, 장난, 춤으로 정리될 정도로 좁다는 사실을 발견할 수 있었습니다. 이렇게 서로 비슷한 경험만 하니까 내 생각과 네 생각이 비슷해지는 겁니다.

창의성 공부에 대해 이야기할 때 항상 등장하는 것이 다양한 경험의 필요성인데요, 대체 어떤 경험을 어디에서 어떻게 해야 할지 감이 안 잡힐 거예요. 그래서 저는 가장 먼저 취미 활동을 권합니다. 내가 좋아서 하는 취미는 누가 시키지 않아도 스스로 찾아서 하게 됩니다. 태권도가 궁금하면 친구를 따라 도장에 한번 가볼 것이고, 그림이 좋으면 화방에서 붓 구경을 하겠죠. 화장에 관심이 많으면 저렴한 스트리트 브랜드 화장품들을 써보고 비교할 수 있습니다.

이렇듯 취미 활동은 자기 자신이 결정하고, 내 생각과 적성이 반영되기 때문에 자연스럽게 남들과는 다른 나만의 독창적인 경험으로 이어집니다. 앉아서 공부만 하는 시간은 결코 다양한 경험이 될 수 없습니다. 특별히 끌리는 나만의 취미를 갖는 건 독창적인 생각을 하는 데 큰 도움이 됩니다.

하나 팁을 주자면 친구들의 취미에 동참하는 겁니다. 이미 취미를 가지고 열심히, 또 재미있게 하는 친구가 있으면 그들이 무엇을 하는지, 왜 그것을 재미있어 하는지 공유하고 따라 해보는 것도 꽤 효과적입니다. 그 취미를 가진 친구는 이미 그 분야의 전문가가 되어 있을 가능성이 높고, 그 친구와 친해질 수 있는 계기도 됩니다.

제가 초등학생일 때 같은 반에 유난히 자동차 디자인을 좋아하는 친구가 있었습니다. 시간만 생기면 자동차를 그렸죠. 3학년 때 같은 반이었고 이후 6학년 때 다시 같은 반이 되었는데, 3년 사이에 놀랄 만큼 실력이 늘었더군요. 당시 그 친구의 실력은 꽤 전문적이었고, 기존의 자동차를 따라 그리는 수준을 넘어 자기만의 디자인을 창조하고 있었어요. 저도 그 친구에게 이것저것 물어보고 직접 자동차를 그려보면서 한동안 자동차 디자인에 관심을 두었던 때가 있었습니다. 그 덕분에 자동차 분야에서 많은 경험을 할 수 있었습니다.

그 밖에도 유럽과 고대 역사를 좋아한 친구 덕에 『먼나라 이웃나라』를 초등학생 때 모두 읽었는데, 또 그 친구는 현재 독일에서 역사 박사 과정을 밟고 있습니다. 또 당시 제가 다니던 중학교에서 그림을 가장 잘 그리던 친구 한 명과 친했는데, 그는 지금 미국에서 건축 디자인을 하고 있고 묘하게도 저는 건축을 전공했습니다. 이렇게 여러 친구들과의 취미 교류를 통해 나만의 경험을 쌓을 수 있었습니다.

그때의 경험 덕분에 현재 건축, 창의, 작가, 앱 개발, IT 등 여러 분야에 도전할 수 있었다고 생각합니다. 다른 친구들이 독특한 취미를 가지고 있으면 '쟤는 왜 저래. 좀 이상해'라고 생각하지 말고 '나는 이걸 좋아하는데 쟤는 저걸 좋아하네? 뭔가 재밌는 게 있나?'라고 생각하면 훨씬 더 많은 경험과 친분을 얻게 될 거예요.

◆ 혼자 공부하는 시간을 확보하자 ◆

요즘 학생들이 공부하는 모습을 보니 인터넷 강의를 듣고, 책을 보고, 학원에 가는 등 무언가 새로 배우고 지식을 머릿속에 넣는 데는 많은 시간과 노력을 들이지만, 혼자 공부하면서 이해하고 자기만의 사고방식을 만드는 데는 시간을 많이 쓰지 못하는 것 같습니다. 심지어 혼자 있는 시간에는 스마트폰으로 이것저것 찾아보느라 정신이 없습니다. 이해와 사색을 위한 혼자만의 시간이 절대적으로 부족해 보여요. 새로운 정보는 머릿속에 계속 들어오는데, 정리할 시간은 없고 쌓여만 가니 공부는 그만큼 부담스러워집니다. 또 창의력을 요구하는 문제를 접하면 자신만의 생각이 없기 때문에 매우 어렵게 느껴집니다.

제게도 그런 경험이 있었습니다. 제가 서울대 입학 면접을 볼 때 받았던 질문 중 하나가, '종교와 민족 중 어떤 것이 더 중요한가? 나의 생각을 이야기하라'라는 내용이었습니다. 참으로 난해하고 누구도 명확히 답을 내기 어려운 질문이었어요. 저도 순간 이걸 어떻게 대답해야 할까, 나는 어떻게 생각할까 고민이 되더군요. '아, 나만의 생각과 의견이라는 것이 이런 거구나. 자기만의 생각을 정리하면서 공부하지 않으면 그저 지식만 잔뜩 쌓인 창고가 될 뿐 정작 중요한 사회 문제에 대해서는 아무것도 모르겠구나'라는 생각이 번쩍 들었었습니다.

요즘은 인터넷 강의나 스마트폰 등으로 언제 어디서든 더 많은 정보와 지식을 배우고 습득할 수 있습니다. 그래서 학생 여러분이 지식 습득에 시간을 많이 쓰지만, 혼자 공부하면서 나만의 생각과 관점을 정립하는 능력은 오히려 약해졌다고 보입니다. 그러한 시간을 확보하지 않으면 응용력과 창의성이 떨어지고, 이는 성적에도 큰 영향을 미칩니다.

과거 EBS에서 방영한 〈학교란 무엇인가〉라는 10부작 다큐멘터리에서 '혼자 공부하는 시간'에 대한 중요성을 다룬 적이 있습니다.

서울대학교에 입학한 학생과 타 대학에 입학한 학생들의 총 공부 시간과 혼자 공부하는 시간을 비교했는데 그 차이가 확연하더군요. 두 그룹의 학생들은 학원 수업과 숙제 등이 전부 포함된 총 공부 시간에서는 눈에 띄는 차이를 보이지 않지만, 혼자 공부하는 시간을 비교하면 현격한 차이가 발견되었죠.

혼자 공부하는 시간은 지식의 습득뿐만 아니라 습득한 지식을 내 것으로 만드는 이해와 익힘에 결정적인 영향을 미치고, 이는 응용력과 창의력에 큰 차이를 만듭니다. 암기 과목 성적은 괜찮은데 응

고등학생의 평균 공부 시간

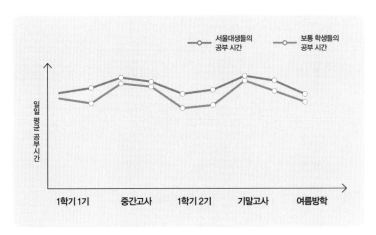

평균 공부 시간은 차이가 많이 나지 않습니다.

고등학생의 혼자 하는 공부 시간

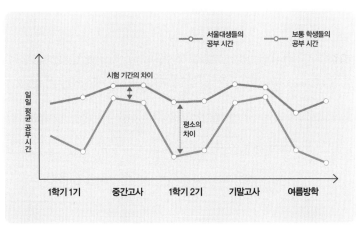

혼자 공부하는 시간은 차이가 매우 큽니다.

용 과목과 문제에 유독 약하다면 남이 가르쳐주는 강의와 지식 습득에만 시간을 할애하고 있는 건 아닌지 생각해보세요.

· 남과 다른 점을 특별하게 생각하기 ·

'틀리면 어쩌지.'
'내 생각이 이상해서 비웃을지도 몰라.'
'물어보지도 않았는데 대답하면 이상하겠지?'
'말하고 싶은데 가만히 있는 게 습관이 돼서 말 꺼내기가 쉽지가 않네.'

평소에 이런 생각 종종 하죠? 자기 생각을 자신 있게 말하는 친구는 많지 않습니다. 왜 그럴까요? 기본적으로 학교에서 배우는 공부는 거의 정답 맞히기에 가깝습니다. '다음 중 옳은 것은?'이라는 질문에 '3번! 딩동댕~ 맞습니다'를 위해 열심히 공부하는 것이죠.

이런 환경에서 정답은 좋은 것이고 오답은 나쁜 것이라는 사고방식이 생기면서 내 생각이 정답이라는 확신이 들지 않으면 이야기하는 게 어려워집니다. 또 내 생각이 친구들과 다르면 내가 틀린 게 되고, 그러면 나만 별난 사람이 되는 것 같아 걱정도 되고요. 어른이 된 제 입장에서는 자신만의 재능과 적성을 열심히 찾아보기에도 부족한 학창 시절을 남의 눈을 의식하며 진짜 내 모습을 숨기고 있는 점은 안쓰럽게 보이죠. 그렇게 살면 창의력이 부족해지는 것은 당연합니다.

자, 그럼 어떻게 하면 좋을까요? 이렇게 한번 얘기해볼게요. 만약 100명 중 99명이 '그렇다'라고 하는데, 나만 '그렇지 않다'고 하면 내 생각이 틀렸을까요? 아니에요. 내 생각은 99명과 다를 뿐입니다. 심지어 99명의 생각보다 내 생각이 더 뛰어날 수도 있어요. 그리고 미래 사회에서는 이 한 사람이 더 크게 성공하고 심지어 세상을 바꿀 수도 있습니다.

구글(Google) 아시죠? 우리나라 사람들은 주로 네이버에서 인터넷 검색을 많이 하지만, 전 세계적으로 보면 구글이 절대적인 1등을 차지하고 있습니다. 아이폰을 만드는 애플과 함께 세계적으로 다섯 손가락 안에 드는 엄청난 기업입니다. 이 세계적인 기업의 창업자가 바로 99명과 다르게 생각한 한 사람이었습니다.

구글의 창업자는 회의할 때 자신이 낸 아이디어를 다른 사람들이 모두 찬성하면 실망하고, 반대하면 속으로 굉장히 좋아했다고 합니다. 얼핏 보면 이상한 것 같죠? 다수가 찬성하는 아이디어가 성공하고, 모두가 반대하는 아이디어는 실패할 것 같잖아요. 하지만 이 창업자는 반대로 생각합니다. 남들이 모두 찬성하는 건 이미 새로운

아이디어가 아니고, 반대하는 건 아직 세상에 없는 독창적인 아이디어라고 생각한 것이죠. 남들과 다르다는 사실을 즐겼던 겁니다. '너희가 생각하지 못한, 아직 세상에 없는 새로운 걸 내가 생각해냈구나! 이것으로 미래를 만들어나가야겠어'라고 생각했죠. 여기에 뛰어난 실력과 꾸준한 공부, 주변 환경이 더해져 구글이라는 세계적인 미래형 기업을 만들 수 있었습니다.

99명과 다른 생각이 '틀린 것'이 아니라 오히려 '지금까지 아무도 생각하지 못했던 새롭고 훌륭한 것'이 될 수 있습니다. 이것이 99대 1이 되든, 70 대 30이 되든 중요하지 않습니다. 친구들과 다른 나를 두려워할 게 아니라 친구들과 다른 나만의 생각을 즐기고, 이것이 바로 '나의 길'이라는 것을 깨닫는 게 중요합니다. 이 나만의 생각은 곧 창의성으로 발전하기 때문입니다.

저도 고등학생 때까지는 다른 친구들의 시선에 신경을 많이 썼어요. 초등학교 고학년일 때 공부를 꽤 잘했고, 다른 친구들을 무시한다는 오해를 사서 친구들과 멀어진 경험이 있었기에 더 신경을 썼던 것 같아요. 특히 민사고는 소수의 기숙학교이다 보니 늘 친구들과 함께 지내야 했고, 신경을 쓰지 않을 수 없는 상황이었습니다. 저 역시 여러분의 상황이 충분히 이해가 돼요.

하지만 그러다가 대학생이 되고, 이런저런 경험을 하면서 '다른 사람과 다르다는 걸 즐긴다'라는 말이 이해되기 시작했어요. 전국 각지에서 온 학생들, 심지어 전 세계의 다양한 사람이 모인 대학과 동아리, 모임에서는 아무도 같지 않았어요. 오히려 서로 다르다는 것을 이야기하면서 새로운 것을 만들어나갔죠.

내가 다른 사람들과 다르다는 것을 긍정적으로 받아들인 후에는 정말 좋은 일들이 계속됐어요. 창의 아이디어 컨설팅이라는 새로운 일을 하게 되었고, 아프리카에서 부동산 사업을 시작했으며, 미국에서 새로운 사업을 만들기 위해 노력하고, 지금은 한국에서 IT 기업을 운영하고 있습니다. 아직도 제 머릿속에는 남들이 불가능하다고 생각하는 아이디어들이 차곡차곡 쌓여 있습니다. 이것이 바로 창의성의 시작이고, 스스로 내 인생을 만들어가는 힘이 되는 것입니다.

친구들과 다르다는 사실에 두려워할 필요가 없어요. 아예 이야기를 안 하는 것보다 오히려 "나는 이게 더 좋던데?", "나는 이렇게 생각해" 하면서 '쿨하게' 웃으면서 이야기하면 친구들이 흥미를 갖고 내 말을 더 잘 들어줍니다. 내 생각을 솔직히 말하면 친구들도 자기 생각을 좀 더 쉽게 말할 수 있게 돼요. 겸손하게 표현하고 싶다면 "그건 아닐 수도 있어", "나는 이렇게 생각하는데, 네 생각은 어때?"라고 상대방의 생각을 물으면서 내 생각을 말하는 것도 좋은 방법입니다.

만약 친구가 다른 의견을 이야기하면 "아, 너는 그렇게 생각하는구나. 인정해. 그럼 어떻게 할까? 이번엔 네 생각대로 하고, 다음엔 내 생각대로 해볼까?"라는 식으로 상대를 존중하고 서로의 접점을 찾아보세요. "네 생각 정말 좋다. 나는 이렇게 생각했는데, 넌 어때?" 하고 먼저 친구의 의견을 칭찬하고, 내 생각을 이어서 말하는 것도 좋은 방법입니다. 내 의견이 이상하게 들리고 틀리지 않을까 걱정돼 말하기 힘들었다면 위의 대화법으로 차근차근 시도해보는 건 어떨까요?

4장

표현력
공감을 통해
상대의 마음을 얻는 능력

✦ 표현력의 열쇠는 상대에게 있다 ✦

지금까지 이야기한 습득력, 이해력, 창의력은 모두 혼자 하는 것
들입니다. 다른 사람의 말과 글을 습득하고, 이해하고, 머릿속에서
창의적인 것을 스스로 만들어내죠. 하지만 이러한 생각이 다른 사
람에게 전달되지 않고 나만 알고 있다면? 큰 의미가 없습니다. 세상
을 바꿀 만한 좋은 아이디어를 가지고 있어도 내놓지 않으면 결국
있으나 마나 한 것이 되죠. 습득과 이해, 창의를 통해 나만의 생각과
의견이 정리되었으면, 이제 이것을 다른 사람들에게 효과적으로 전
달해야 합니다.

나의 생각과 아이디어가 다른 친구들에게 공유되고, 공감을 얻어 같이 행동하기 시작할 때 비로소 습득, 이해, 창의가 빛을 발합니다. 그래서 자신의 생각을 다른 사람에게 효과적으로 전달하는 것은 매우 중요하며, 이 능력이 지금부터 이야기할 표현력입니다. 말하기 대회나 글짓기 대회 등이 바로 이 표현력을 평가하는 대회들입니다. 그리고 이 표현력은 공부 잘하는 머리를 만드는 데 대단히 중요한 역할을 하죠.

'말 한마디에 천 냥 빚 갚는다', '아 다르고 어 다르다'라는 말 들어봤죠? 친구들과 이야기하다가 별것 아닌 일에 서로 기분이 상한 경험은 누구에게나 있을 거예요. 내 의도는 그게 아니었는데 오해를 사서 멀어지기도 하고요. 만약 다르게 말했다면 오해하는 일은 없었을 텐데 하는 후회가 밀려오기도 합니다. 이렇게 내가 생각한 바를 정확히 표현하는 것은 의외로 많은 공부와 연습이 필요합니다.

그러므로 표현력을 익힐 때 '내 생각을 어떻게 잘 나타내고 설명할 것인가'도 중요하지만 상대방을 항상 염두에 두어야 합니다. 표현하는 행위에는 행위자인 나와 그것을 보고 듣는 상대방이 존재합니다. 상대는 한 명일 수도 있고, 여러 명 혹은 수백 명이 될 수도 있어요. 심지어 방송 매체를 통해 유재석 같은 유명인이 한 번에 수만 명의 시청자를 앞에 두고 이야기할 수도 있고, 상대가 사람이 아니라 강아지나 고양이 같은 동물일 수도 있습니다.

대화할 때 '나를 어떻게 효과적으로 나타낼 것인가'와 '내 표현을 보고 듣는 상대가 누구인가'라는 질문을 함께 생각해야 합니다. 말하기 대회에서도 친구들을 대상으로 이야기하는 것과 심사위원을 앞에 두고 이야기할 때 그 내용과 어투를 달리해야 효과적입니다. 그래서 저는 표현력을 이야기할 때 상대방과의 공감 능력을 가장 중요하게 여깁니다. 자, 그럼 표현력을 발휘하기 위한 방법을 본격적으로 알아볼까요?

◆ 표현 방법은 다양하다 ◆

표현할 때는 어떤 방법으로 상대에게 이야기를 전달할 것인지 생각해야 합니다. 앞서 전달하고자 하는 지식과 내용은 물이나 가루와 같다고 했죠. 이 내용을 어떤 공에 넣을지 생각해봅시다. 언어를 사용한 공에 넣을까, 이미지 박스에 넣을까, 노래로 표현할까 등등. 다시 말해 내 생각을 말로 표현할지, 글로 표현할지, 그림으로 표현할지, 동영상으로 표현할지, 또 글로 표현한다면 어떤 어투를 쓸지 분량은 어느 정도로 할지 결정해야 하는데, 이렇게 다양한 선택을 하기 위해서는 그만큼 다양한 표현 방법을 알고 있어야겠죠.

첫걸음은 역시 언어입니다. 국어뿐만 아니라 영어 등 외국어 능

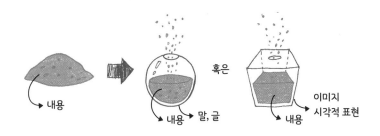

내용

혹은

내용　말, 글

이미지
시각적 표현

내용

가루 형태의 내용을 말이나 글이라는 언어 상자에 넣거나
이미지 상자에 넣어 표현할 수 있습니다.

력, 포토샵이나 파워포인트 등의 이미지 편집이나 동영상 제작 실
력도 도움이 됩니다. 고등학생일 때 관심을 갖고 시작한 포토샵과
홈페이지 제작은 성인이 된 지금도 제 표현력에 큰 도움을 주고 있
습니다.

　구체적으로 수행평가나 발표 수업, 혹은 미술 시간에 내 생각을
가장 효과적으로 표현할 수 있는 방법이 무엇인지 고민하고, 새로
운 방법을 시도해보는 게 좋아요. 파워포인트로 무언가를 발표한다
면 '글씨체는 어떤 게 좋을까?', '강조하고 싶은 부분을 눈에 띄게 하
려면 크기를 얼마나 조정하면 될까?', '중간에 음악을 넣으면 어떨
까?', '동영상을 먼저 보여주면서 관심을 집중시키면 어떨까?', '재
미있는 이미지를 넣으면 어떨까?' 등 새로운 방법을 고안할 수 있겠
죠. 그리고 그 과정에서 사용할 수 있는 표현 방법들이 다양해집니

다. 더 다양한 색과 크기의 공들을 갖게 되는 셈이지요.

· 상대의 마음을 얻기 ·

내 생각을 효과적으로 정리해서 공에 담았다면 이제 이것을 상대에게 전달해야 하죠. 여기서 가장 중요한 것이 '이해'와 '공감'입니다. 이때 일방적으로 내 생각을 강요하거나 알아들을 수 없는 방식으로 이야기하면 상대방은 받아들이지 못하고 쳐내게 됩니다. "너는 왜 내 말을 이해하지 못하니?", "엄마는 아무것도 몰라", "하라면 할 것이지 왜 이렇게 말이 많아"와 같은 표현이 바로 상대를 이해하고 공감하지 못하는 일방적인 전달 방식이에요.

앞서 습득력에서 말하는 사람을 존중하는 마음과 집중하는 태도가 습득을 더 잘하게 만든다고 했는데, 표현력도 마찬가지입니다. '상대방이 어떻게 하면 나를 신뢰하고, 존중하고, 나에게 집중할 수 있을까?'를 생각해야 합니다. 그러면 상대가 마음을 열고 내 말에 귀를 기울이기 시작하는데, 이를 위한 가장 훌륭한 접근이 바로 이해와 공감입니다.

상대가 무엇을 원하는지, 어떤 이야기를 듣고 싶어 하는지, 무엇을 궁금해하는지 이해하고 그에 맞는 공을 골라 던지면 흔쾌히 받

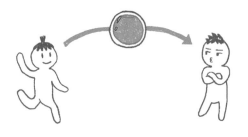

어떻게 하면 상대에게 잘 던질 수 있을까요?

아들입니다. 말을 잘하고 글을 잘 쓴다는 것은 곧 상대의 공감을 이끌어내고 마음을 움직인다는 것을 의미합니다. 특히 상대방이 생각한 것 이상을 전달하면 신뢰와 감동까지 얻을 수 있죠.

◆ 낮춰 보지 말고 마주 보기 ◆

혹시 수업 시간에 선생님께서 의견을 물어 보면 다들 손 들고 발표하기보다는 선생님 눈을 피하기 급급하고, 학급회의 시간에도 각자 의견을 내기보다는 한두 개의 안건으로 회의를 빠르게 끝내는 경우가 많지는 않나요? 이러한 상황에서 어떻게 표현력을 연습하고 기를 수 있을까요?

저도 학창 시절에 무언가를 이야기하고 싶은데, 눈치를 보느라

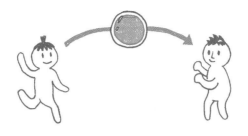

어떻게 상대의 마음을 열 것인가가 중요합니다.

하지 못하는 경우가 종종 있었습니다. 선생님이 뭔가를 물어보면 곧바로 대답하고 싶어도, 혹시 답이 틀리거나 친구들이 저를 '잘난 척하는 애'라고 생각할까봐 걱정스러운 마음에 선뜻 나서지 못했습니다.

그러던 어느 날 '어떻게 하면 내가 하고 싶은 이야기를 마음껏 하면서 친구들의 마음도 얻을 수 있을까?'를 생각하게 되었습니다. 이는 다시 말해 상대의 공감을 얻으면서 하고 싶은 이야기를 하는 방법에 대한 고민이었죠.

그 해답은 중학교 때 친구에게서 발견했습니다. 공부를 매우 잘하는 똑똑한 친구였는데, 그 친구가 발표하거나 이야기할 때 다른 친구들이 잘난 척한다고 경계하기는커녕 모두가 좋아하면서 잘 들어주더군요. 왜 그럴까 생각했더니 그 친구의 말투에 친절과 다정이 느껴지더라고요. 사실 발표 내용은 꽤 전문적이고 어려운 부분

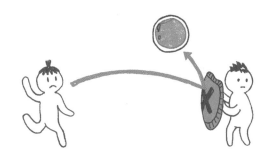

이 많았음에도 친구들은 경청해서 들어주었어요. 또 그 친구의 말투에서 '너희들이 모르는 걸 내가 알려줄게'가 아니라 '나는 이렇게 생각하는데, 너희는 어때?'라는 느낌을 받았습니다.

친절하고 나긋나긋한 말투 때문이기도 했지만, 위에서 내려다보며 선생님처럼 무언가를 일방적으로 전달하는 게 아니라 나와 같은 위치 혹은 아래에서 내 의견을 물어봐주면서 이야기하는 느낌이었습니다. 공으로 비유하면 위에서 아래로 던지는 게 아니라 아래에서 위로 받기 쉽게 던져준다고 할까요. 그 덕분에 친구들도 마음을 열 수 있었던 것 같아요.

즉, 내가 무언가를 표현하고 전달할 때 상대방과 나의 눈높이를 맞추는 것이 중요합니다. '너는 틀리고 내 생각이 맞아'라고 낮추어 보면 친구도 받아들이기 어렵습니다. 만약 내 말에 동의하지 않아도 "아, 너는 그렇게 생각하는구나. 그럴 수도 있겠네" 하고 상대의 의견을 내 것처럼 존중하는 자세를 가지면 오히려 상대가 내 말을 더 잘 들어줍니다.

또 앞서 말한 제 친구처럼 화법을 통해 '내가 너희보다 더 많이 알고, 그래서 가르치려는 게 아니야'라는 편안한 느낌을 주는 것도 방법입니다. 단, 이렇게 말하는 기술을 연습하기 전에 먼저 상대를 존중하고 이해하는 마음, 내 말을 듣는 상대가 지금 어떤 생각을 갖고 있고 무엇을 원하는지 공감하는 것이야말로 표현력을 키우는 효과적인 방법이죠.

◆ 최고의 표현은 공감에서 시작된다 ◆

내 생각을 말이나, 글, 그림, 영상 등으로 정확히 표현하는 건 생각보다 쉽지 않습니다. 이때 우리는 문학이나 영화 등으로 표현의 감각을 배우고 익힐 수 있습니다. 유명한 소설은 작가의 생각을 문학적인 글로 잘 표현한 것이고, 영화는 감독의 생각을 영상과 소리로 구현한 결과물이죠.

'중학생이 읽어야 할 소설 100선'과 같은 목록은 표현력을 공부할 때 참고하면 좋아요. 책을 많이 읽는 게 도움이 되는 건 작가의 언어와 표현을 나도 모르는 사이에 습득하기 때문이에요. 좋은 영화를 보거나 음악을 듣는 것도 같은 맥락입니다. 모델이 되고 싶으면 세계적인 모델이 어떤 자세를 취하고 표정을 짓는지, 화가가 되고 싶으면 대가들의 작품을 보면서 표현 기법을 익혀야겠죠.

표현은 곧 습득입니다. 표현을 잘하면 습득도 잘할 수 있어요. 상대를 이해하고 그에 맞게 내 생각을 전달하는 사람은 반대로 나에게 무언가를 전달하려는 상대를 존중하고 그 사람의 말에 귀를 기울일 수 있습니다. 그러면 습득력이 좋아지고, 공부의 효율이 높아지며, 시간이 지날수록 능력은 향상됩니다.

캐나다에는 특이한 수업이 있습니다. 초·중·고등학교에 갓난아기를 초대해서 9개월간 성장 과정을 지켜보며 아이와 소통하고 공감 능력을 기르는 프로그램입니다. 혹시 살면서 아기를 만나서 말을 걸어보거나 안아줘본 적이 있나요? 말을 못하는 갓난아기와 학생들이 소통하는 게 쉽지 않죠. 이 수업에서 학생들은 아기가 말을 하지 못하기 때문에 표정과 행동을 살피면서 '아기는 지금 무엇을 느끼고 있을까?', '아기가 웃는 건 행복해서일까?', '무엇이 불편해서 우는 걸까?' 등을 묻고 대답하면서 아기의 감정을 이해하고자 노력합니다. 상대방에게 공감하고 소통하는 시간인 것이죠. 실제로 이 수업을 진행하면서 학생들 사이에 따돌림이나 공격적인 성향이 크게 감소했다고 합니다. 상대를 '말'이 아닌 '마음'으로 이해하면서

아기는 왜 웃고 있을까요? 학생들도 웃는 얼굴로 아기에게 자신의 감정과 느낌을 전달하고 있네요.

나타난 현상입니다.

여러분은 부모님, 선생님, 친구, 언니, 오빠, 형, 누나, 동생에게 어떻게 표현하고 있나요? 상대를 이해하면서 이야기하는지, 아니면 하고 싶은 말만 일방적으로 건네는 건 아닌지 생각해봅시다. 여러분의 미래뿐만 아니라 당장의 성적에도 분명 도움이 될 거예요. '최고의 표현력은 공감에서 시작된다.' 오늘부터 행동으로 옮겨보면 어떨까요?

5장

네 가지 능력이 모여
공부 잘하는 머리가 된다

◆ 네 능력이 순환해야 사고력이 된다 ◆

————

지금까지 공부 잘하는 머리를 만들 사고력의 네 가지 조건인 습득력, 이해력, 창의력, 표현력에 대해 이야기해봤습니다. 누군가는 습득력이 특히 발달했을 수 있고, 어떤 친구는 이해력이 더 좋거나 혹은 창의력이 특히 뛰어난 친구들도 있을 거예요. 그런데 말이죠, 묘하게도 이 네 가지 능력은 우리나라의 특징적인 고등학교의 분류와 많이 닮아 있답니다. 조금 학업적으로 감이 오게 설명하자면 다음 그림과 같아요.

예를 들어 외국어고나 과학고처럼 언어나 과학 등 특정 분야의

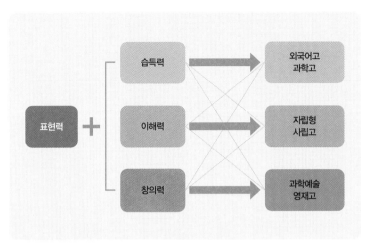

크게 보았을 때 각 학교는 위와 같은 능력에 조금 더 집중한답니다.

능력을 키우는 학교는 각 분야의 수준 높은 지식을 빠르게 터득할 수 있는 습득력에 집중하고, 다양한 전 과목 학업과 교과 외적인 활동을 통해 전인형 인재를 키우는 자립형 사립고는 이해력에 집중합니다.

　이해력이란 서로 다른 많은 분야의 지식을 엮고 생각 바구니를 만들어 다른 분야에 활용하면서 성장하는데요, 자립형 사립고의 전인 교육 과정이 이에 가깝죠. 또 특정 교과에 구애받지 않고 자유로운 면학 분위기와 자율성을 존중하는 영재고는 창의력과 그 맥을 같이 합니다. 학생에게 주어지는 교과 공부의 자유도가 높고 실제로 본인이 하고 싶은 공부를 찾아서 연구하며 공부하죠.

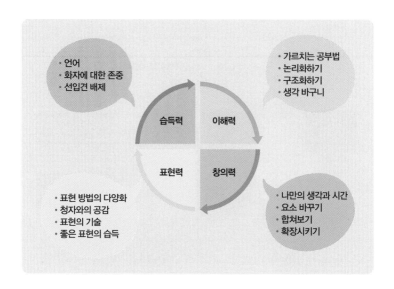

물론 모든 학교가 딱 습득력만 요하거나 이해력만 요한다고 단언하는 것은 아니지만 이러한 학교에 진학하는 걸 목표로 하고 있다면 자신의 적성과 능력이 어느 쪽에 더 가까운지 생각해보면 도움이 됩니다. 이렇게 우리나라 교과 과정은 굉장히 치밀하고, 공부하고 싶어 하는 학생들이 깊이 있는 공부를 할 수 있도록 제도적으로 많이 지원하고 있답니다.

이렇게 공부 잘하는 머리를 만드는 사고력의 네 가지 능력은 각각 별개의 것이 아니라 서로 긴밀한 관계를 맺고 있습니다. 습득한 것을 바탕으로 이해하고, 이해를 바탕으로 만든 생각 바구니를 확장함으로써 창의력이 발달하며 표현력은 자신만의 생각인 창의력

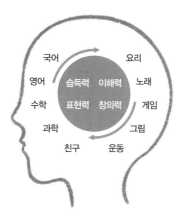

국어　　　　　요리
영어　　習得力 理解力　　노래
수학　　表現力 創意力　　게임
과학　　　　　　　그림
　　친구　운동

사고력은 습득력, 이해력, 창의력, 표현력이 순환하며 길러집니다.
이 능력들은 수많은 과목과 경험을 공부하며 각 능력에 맞게 채워집니다.

을 통해 자연스럽게 발현됩니다. 그리고 습득력은 화자와 청자만
바뀔 뿐 표현력과 같은 것이죠. 즉, 네 능력은 서로 순환하듯이 영향
을 주고받고 있는 것입니다. 그래서 어느 한 능력이 발달하면 다른
능력들도 함께 좋아지고, 반대로 어느 하나가 취약하면 다른 주변
능력에도 영향을 미치죠. 이러한 관계를 그림으로 표현하면 위와
같습니다. 각 능력에서 언급했던 내용도 함께 정리해봤습니다.

　그리고 이러한 네 가지 능력은 다양한 과목 학습을 통해 채워집
니다. 위에서 각 과목에 대한 의미를 설명했는데요, 어느 한 곳이 부
족하면 특정 능력에 영향을 미치게 되고 병목현상을 일으켜 전반적
인 사고력을 떨어뜨립니다. 그래서 국영수과는 열심히 하고 음미체

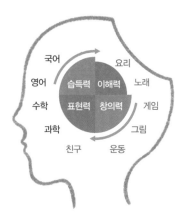

시험에 출제되지 않는다는 이유로 어떤 과목 공부를 놓아버리면
특정 능력에 영향을 미쳐 병목현상이 발생하고, 결국 사고력이 떨어집니다.

는 쉬면서 한다는 것은 잘못된 말이지요. 모든 과목을 다 잘하는 것
은 어려운 일이지만 최소한 어떤 과목은 시험에 안 나오니까 버리
고 어떤 과목은 시험에 나오니까 한다는 생각은 고쳐야 할 필요가
있습니다.

이제 공부 잘하는 머리와 사고력이 무엇인지 좀 감이 잡혔나요?
그럼 아래 질문들에 답해봅시다. 아래 문제들은 프랑스의 대입 시
험인 바칼로레아에 나오는 일종의 논술 문제입니다. 정말 엄청난
사고력을 요구합니다. 다시 말해, 엄청난 습득력, 이해력, 창의력,
표현력을 필요로 하죠. 나라면 어떻게 대답할지 한번 생각해보세
요. 잠깐 생각해보는 것만으로도 나의 공부머리, 사고력은 발달하

기 시작합니다.

Q. 역사가 심판할 것이라고 말하는 것은 정당한가?

Q. 과거를 망각하면서 현재를 이해할 수 있을까?

Q. 법은 가끔 무시해야 하는가?

Q. 행복은 모든 행동의 목적인가?

Q. 정상적인 것과 비정상적인 것의 경계선을 규정할 수 있을까?

Q. 스스로 의식하지 못하는 행복이 가능한가?

Q. 지금의 나는 내 과거의 총합인가?

Q. 사랑이 의무일 수 있는가?

Q. 행복은 단지 한순간 스치고 지나가는 것인가?

Q. 우리는 자기 자신에게 거짓말을 할 수 있는가?

Q. 행복은 인간에게 도달 불가능한 것인가?

Q. 철학이 세상을 바꿀 수 있는가?

Q. 역사가는 객관적일 수 있는가?

서울대 수석은
이렇게 공부합니다

PART 4

많은 학생이
질문하는
공부 고민 TOP 10

이루고 싶은
꿈이 없는데
어떡하죠?

제가 정말 많이 들었던 질문 중 하나예요. 고등학교를 이과 쪽으로 갈까 문과 쪽으로 갈까 고민할 때나 대학 과를 정할 때 고민이 많이 되죠. 그리고 학교에서나 주변 어른들이 나중에 커서 무엇이 되고 싶냐고 질문할 때도 많고요. 그래서 왠지 꿈이 없다고 하면 내게 문제가 있는 건 아닌지 걱정이 되기도 합니다. 결론부터 이야기하면 전혀 걱정할 것이 없는 질문이에요. 이유는 간단한데 크게 두 가지로 이야기해줄 수 있어요.

첫째, 현재 명확한 꿈이 떠오르지 않는다는 건 내가 흥미를 느끼거나 나중에 커서 하고 싶은 일을 아직 경험해보지 못했을 가능성이 크다는 점이에요. 10대 때까지는 경험해본 것보다 못 해본 것이 훨씬, 아주 훨씬 더 많습니다. 예를 들어 나에게 정말 잘 맞는 꿈이 요리사, 특히 디저트를 전문으로 만드는 파티셰라고 해도 아직 제대로 디저트나 제과, 제빵을 경험해보지 못했을 가능성이 더 높죠. 또 나에게 어울리는 꿈이 빅데이터를 다루는 데이터 사이언티스트라고 해도 10대 때까지 정식으로 데이터를 다루고 가공하는 일을 경험해보기는 쉽지 않아요. 그래서 세상에 어떤 다양한 일이 있는지를 잘 모르기 때문에 아직 내가 원하는 미래나 꿈을 못 찾은 것일 가능성이 매우 높답니다.

제가 아는 후배 중 한 명은, 대학에 들어와서 자유전공을 하다가 어느 날부터 운동에 큰 관심을 가지기 시작했어요. 매일 열심히 운동하더니 어느 날인가는 자신의 장점을 살려서, 올림픽처럼 국제 행사에 출전하는 프로 선수들의 몸과 건강을 관리하는 운동사를 하고 싶다고 하더라고요. 그리고 그런 분야는 독일이 가장 선진국이라 독일로 유학을 가고 싶다며 독일어 공부를 시작하기도 했어요. 그 전까지는 이 친구가 그런 구체적인 꿈을 이야기한 적이 없는데 경험이 많아지고 자기에게 잘 맞는 것들을 해볼수록 구체적으로 자신의 꿈을 그릴 수 있게 된 거죠.

꿈이 아직 없어도 아무 문제가 없는 또 한 가지 이유는, 현재는 없는 새로운 미래의 일들을 하게 될 수 있기 때문이에요. 제가 어렸을 때만 해도 모바일 앱 개발자라는 직업은 생각도 할 수 없었죠. 스마트폰도 없던 시절이니까요. 결혼 커플을 매칭하는 커플 매니저라든가, 유튜버, 개인방송 BJ 등도 전혀 없었어요. 지금이야 '나는 나중에 패션 유튜버가 되고 싶어'라고 말하지만 제가 어렸을 때는 상상도 할 수 없는 직업이었죠.

마찬가지예요. 나에게 꿈이 없다는 건 다르게 말하면 지금은 없는 미래의 새로운 일을 하게 될 것이기 때문일 수 있어요. 제가 지금 하고 있는 데이터 사이언티스트 같은 일이 과거에 없었듯이, 여러분들이 성인이 되어 무언가를 하게 될 10년 후, 혹은 20년 후에는 지금은 상상도 하지 못할 새로운 일이 많이 생겨나 있을 겁니다. 그런 미래를 알 수 없기 때문에 나는 지금 꿈을 말하지 못하는 걸 수도 있죠. 오히려 미래형 인재라서 지금 꿈이 없는 걸 수도 있어요.

그러니 지금 당장 내가 꿈이 없고 미래에 하고 싶은 것이 없다고 불안해하거나 괜히 주눅들 것 없어요. '난 미래에 새로 생길 일을 할 사람이라서 지금 하고 싶은 일이 없어요'라고 당당히 이야기하면 된답니다. 그리고 이것저것 많은 경험을 해보면서 내가 좋아하는 일이 무엇일지, 누가 시키지 않아도 스스로 하게 되는 그런 매력 있는 일이 무엇일지를 찬찬히 찾아보는 것도 도움이 돼요. 급하게 결정할 것 없어요. 지금 작가기도 하면서 사업가, 경영자, 데이터 사이언티스트의 일을 하고 있는 저도 어렸을 때는 '과학자'가 꿈이라고 했었으니까요.

게임하면
안 되나요?

여기서 말하는 게임은 컴퓨터나 모바일, 비디오 게임 등을 말하는 겁니다. 저도 쉴 때 가끔 게임을 하곤 하는데요, 놀 때 이런 게임을 하는 것 자체는 전혀 문제가 되지 않기 때문에 게임이 너무 재미있다고 걱정할 것은 없어요.

문제는 내가 게임을 제어하지 못하고 끌려다닐 때 발생합니다. 그만하고 싶고, 그만해야 한다고 생각해도 그만하기가 어렵고 다른 일을 하면서도 게임이 계속 생각나서 다른 일에 집중할 수 없는 상황이 되는 것이죠. 제가 지금까지 만나본 수많은 우리 학생 여러분의 게임 행동은 크게 두 가지로 나눌 수 있답니다. 나는 어디에 포함되는지 한번 생각해보세요.

먼저, 게임을 놀이와 즐거움을 위해서 하는 경우입니다. 이는 지극히 정상적입니다. 축구하면서 놀든, 쇼핑센터를 구경하면서 놀든, 노래를 부르면서 놀든, 게임하면서 놀든 즐겁고 재미있기 위해 놀이 시간을 갖는 거죠. 살다 보면 스트레스도 받고 뭔가 재미있는 것을 하고 싶기도 하잖아요? 그렇게 놀이 중 하나로서 게임을 선택하는 것은 별문제가 되지 않는답니다. '즐거움'이라는 긍정적인 감정을 더하기 위해 게임을 선택하고, 게임하면서 실제로 기분이 좋아지는 긍정적 감정 상태가 된다면 이는 올바른 놀이로써 전혀 문제되지 않아요.

두 번째는 게임을 하지 않으면 안 되는 감정 상태에서 게임을 하는 것입니다. 예를 들어, 현실이나 공부가 너무 힘들어 이 현실을 벗어나고 싶어서 게임이라는 행위로 빠져 현실을 잊는다거나, 현생에서 친구를 만들기가 어려워서 게임 속에서 친구를 만들기 위해 게임 세상으로 들어가 지낸다거나 하는 이유들이죠. 이건 아까의 경우와는 다르게 즐거움이라는 긍정적 감정 상태를 더하기 위한 것이 아니라 현실의 부정적인 감정 상태를 어떻게든 덜 부정적으로라도 만들기 위해 게임을 선택하는 경우예요. 아까의 경우가 0인 감정 상태를 +10으로 만들기 위해 게임을 한다면, 지금의 경우는 -50인 감정 상태를 -10으로라도 만들기 위해 게임을 선택하는 것이죠.

보통 문제가 되는 것은 이 두 번째 경우입니다. 이러한 경우는 게임이 본연의 목적인 재미를 위한 것이라기보다는 생존과 부정적 감정의 해소를 위한 것이기 때문에 끊기가 대단히 어려워요. 그만해야 한다고 스스로 생각하면서도 게임을 멈추면 보이는 현실이 괴롭기 때문에 계속 게임 세상에 가 있으려고 하죠. 첫 번째 경우에는 즐거운 게임을 멈춘다고 해도 뭐 어쩔 수 없지 정도로 생각이 되지만 두 번째의 경우는 게임이 없으면 괴로운 현실을 견디기 어려운 상태니까요.

그래서 스스로 두 번째 경우라고 생각된다면, 게임 시간을 줄이거나 조절하려는 노력보다 현실 세계에서 게임보다 더 즐거운 무언가를 찾아내는 것이 더 중요합니다. 현실 상황이 나아지고 내가 현실에서 덜 부정적인 감정 상태로 지낼 수 있다면 자연스럽게 게임으로 가야 할 이유가 없어지거든요. 결국 제어가 되지 않을 정도로 게임에 빠질 때 게임을 하는 것 자체를 문제로 볼 것이 아니라 현실 생활에서 나를 힘들고 괴롭게 하는 점을 마주하여 그것의 해결책을 찾는 쪽으로 노력하는 게 중요합니다. 필요하면 어른들에게 도움을 청하는 것도 주저하지 말고요.

그리고 게임에 대한 고민과 스트레스를 덜 받는 비법을 하나 알려드릴게요. 바로 게임 시간을 공부 시간으로 만드는 방법이에요. 제가 공부란 배우고 익히는 것이라고 했죠? 게임을 할 때도 몰랐던 것을 새로 배우고 그 방법을 익힌다면 게임 시간이 곧 공부한 것이 돼요. 게임을 마친 후 또는 중간중간 '방금 무엇을 새로 알게 됐지? 나라면 이걸 게임 말고 어디에 활용해볼까?'라고 스스로 질문해보세요. 이 질문을 하는 순간 모든 것이 공부가 됩니다. 게임을 너무 많이 한다고 스트레스 받지 말고 일단 게임은 즐겁게 하고 그다음에 이 질문을 해보면서 게임 시간을 무언가 배우고 익히는 공부 시간으로 만들어버리자고요.

공부에 소질이
없는 것 같아요

이 책을 읽었다면 이미 공부에 대한 정의가 달라져서 더 이상 공부에 소질이 없다며 고민하지는 않을 거예요. 보통 공부에 소질이 없다는 판단은, 공부라는 것이 책 보고 수업 듣고 시험 봐서 성적을 잘 받는 것이라고 잘못 생각했을 때 좋은 성적을 잘 받지 못한다는 의미로 한 이야기였을 테니까요. 그런데 진짜 공부란 수학이든, 언어든, 요리든, 노래든, 운동이든, 그림이든, 춤이든 그것을 배우고 익혀서 내 실력을 늘려가는 것이니 성적이 잘 나오지 않는다는 의미로 공부에 소질이 없다고 고민할 수는 없죠.

공부에 소질이 없다는 말 뒤에 항상 따라오는 말이 있습니다. 공부에 소질이 없으니 다른 거라도 빨리 시작해야 하는 거 아닐까 하는 거요. '공부에 소질이 없으니 요리를 해볼까?', '공부에 소질이 없으니 운동을 해볼까?', '공부에 소질이 없으니 유튜버를 빨리 시작해볼까?'와 같은 생각인데요, 이 생각 역시 공부를 책과 수업, 성적, 시험으로 오해했을 때 등장하는 잘못된 생각입니다. 요리, 운동, 심지어 유튜버까지 모든 것이 공부예요. 유튜버도 끊임없이 연구하고 새로운 것을 배우고 익혀서 나만의 콘텐츠를 만들어내야 합니다. 그리고 그걸 유지할 수 있는 실력을 계속 갖춰나가야 오랫동안 사랑받는 유튜버가 될 수 있고, 이 과정이 바로 공부죠.

그러니 이제 성적이 잘 나오지 않는다고 공부에 소질이 없다는 고민은 하지 않아도 돼요. 공부는 소질로써 결정되는 것이 아니라 배우고 익히는 노력과 감으로 결정됩니다. 전 과목 성적을 공부의 소질로 오해하지 말고 먼저 내가 끌리는 것들을 즐겁게 찾고, 그것을 더 잘하기 위해 스스로 배우고 익히는 노력을 해보세요. 그것이 진짜 공부입니다.

저는 무엇을 좋아하고 즐기길래 성적을 잘 받는 공부를 하게 되었냐면요, 첫째로 앉아 있는 것을 좋아하고 잘합니다. 저는 한 번 앉으면 그렇게 편할 수가 없어요. 꼭 일어나야 하는 일이 없다면 몇 시간이고 그냥 앉아 있습니다. 그리고 생각하는 것을 좋아합니다. 무언가 하나를 보면 그것에 관련된 다른 것들을 생각하거나 어떤 일이 벌어질지 연쇄적으로 생각하는 것을 즐깁니다. 취미가 생각인 거죠. 그리고 논리를 좋아합니다. 어떤 숫자가 나누어떨어질 때의 그 정확한 느낌이라고 하면 설명이 될까요? 혹은 테트리스 게임에서 블록이 딱 맞아떨어질 때의 그 느낌이라고 할까요. 논리적으로 빈틈이 없는 정확한 논리를 만드는 것을 즐긴답니다.

제게 좀 특이한 면이 있죠? 그래서 가만히 앉아서 책으로 지식을 습득하고 생각해서 답을 내는 것을 잘하게 된 것 같아요. 지금 회사를 경영하는 것도 결국은 문제를 파악하고 논리적으로 생각해서 최상의 답을 내는 과정의 반복이라 경영과 알고리즘 개발 및 데이터 사이언티스트와 같은 일을 하고 있다고 생각됩니다. 공부를 잘해서 성적이 좋다는 것보다는 앉아 있고 생각하고 논리를 만드는 것을 좋아하는 저의 성향이 성적을 잘 내는 공부를 좋아하게 만들었다고 정리할 수 있겠네요.

공부 시간이
너무 길어서
힘들어요

공부를 많이 해야 해서 참 힘들죠? 주변에서 들리는 이야기나 공부 유튜버들을 보면 하루에 몇 시간을 해야 공부를 잘하게 된다는 둥, 독서실에 가서 초시계를 켜놓고 공부 시간을 측정하며 공부하는 게 좋다는 둥, 몇 시간 이상 공부해야 비로소 집중의 상태가 된다는 둥 이야기가 참 많습니다. 물론 공부를 배움과 익힘의 과정으로 생각할 때도 공부 시간이 많은 것은 중요하죠. 태권도를 하더라도 한 시간 연습하는 것보다 두 시간 연습하는 것이 실력을 늘리기 좋고, 피아노를 치더라도 더 오래 연습하면 잘할 가능성이 높아지니까요.

하지만 시간에 너무 많은 스트레스를 받는 경우가 지나치게 많은 것 같아요. 너무 오래 공부를 해야 하다 보니 처음 공부를 시작하려고 책상에 앉는 것이 괴로워져서 아예 시작을 안 하려고 하기도 하고요. 그래서 여기서는 여러분들의 마음을 편하게 해줄 이야기를 하나 해드리려 합니다. 공부 시간에 너무 스트레스를 받지 않아도 되는 이유예요.

보통 공부법 책이나 공부 잘한 선배님들의 공부법 이야기를 들어보면, 어마어마하게 공부를 했다고 하죠? 그런 이야기를 들으면 '나도 그렇게 해봐야지!'라는 생각과 동시에 '아니, 공부를 어떻게 이렇게 해…. 역시 난 공부는 아닌가봐'라고 생각하는 경우도 많이 봤어요. 그런데요, 이렇게 공부를 정말 잘한 선배님들의 이야기는 의외로 그냥 그런가 보다 하고 참고만 하면 돼요. 왜냐고요? 비유해보자면 이런 거거든요.

국가대표가 되기 위해 준비하는 체육고등학교나 체육대학교의 엘리트 체육인 친구들이 있습니다. 하루에 10시간 동안 훈련하고 잠과 식사 모두 철저하게 정해진 일정대로 이루어집니다. 이 날은 무슨 훈련, 저 날은 무슨 훈련 등등 사람이 저렇게 할 수 있나 싶을 정도의 엄청난 훈련을 받습니다. 그런데 우리가 건강해지겠다고 이런 훈련을 똑같이 따라 하나요? 절대 아니죠. 하루에 한두 시간만 운동해도 충분히 몸매가 좋아지고 식사와 수면만 규칙적으로 신경써도 충분히 건강해집니다.

공부도 이와 같습니다. 하루에 10시간을 공부하고 오늘은 무슨 과목, 내일은 무슨 과목을 어떻게 공부하고 잠은 몇 시간 이상 자지 않는다는 공부 이야기는 마치 국가대표를 준비하는 엘리트 체육인들의 훈련 같은 이야기예요. 이런 친구들은 공부를 직업으로 삼고 공부를 가르치는 등 공부 전문가로 성장할 가능성이 높은 친구들입니다. 내가 공부 자체를 직업으로 삼는 공부 전문가가 꿈이 아니라면 이렇게 마치 국가대표의 훈련 같은 이야기를 그대로 따라 할 필요가 없다는 거죠.

저도 고등학생 때 화학 경시대회 국가대표 시험을 봤었습니다. 국가대표로 선발되지는 않았지만 최종 선발 시험까지 봤어요. 그러니까 저의 공부법도 사실은 공부 국가대표 훈련 같은 전문가 훈련법이라는 거죠. '아, 이렇게까지 하는 사람도 있구나. 내가 충분히 하고 있다고 생각했는데 더 할 수도 있겠다' 정도로만 참고하고 이 공부 방법을 똑같이 따라 하는 것이 정답은 아니라는 겁니다. 공부 시간과 양의 강박에서 좀 벗어나도 아무 문제가 없다는 이야기죠. 더 중요한 것은 나에게 맞는 공부 시간과 스타일, 방법을 찾는 거예요. 누가 시키지 않아도 자연스럽게 되는 그런 공부 스타일 말이죠. 저의 경우는 똑같은 과목을 두 시간 이상 하루에 공부하는 것을 별로 좋아하지 않고 차라리 여러 과목을 한 시간 반 정도씩 돌아가면서 하는 것이 훨씬 자연스럽고 효율적이었던 것처럼요.

학원 선행 공부를
안 해도 되나요?
불안해요

　학원에서 초등학교 때 미리 중학교 과정을 공부하고, 중학교 때 고등학교 과정을 공부하는 일이 드물지 않죠. 고등학교 수학은 훨씬 더 어렵다는데 미리 공부해두지 않고 나중에 내가 따라갈 수 있을지 걱정도 되고, 영어는 아무리 잘해도 부족하다고 하니 어렸을 때부터 상당한 수준의 영어학원을 다니기도 합니다. 학원을 얼마나 다녀야 할지, 선행학습은 얼마나 해야 할지 고민하는 여러분들을 위해 아래와 같은 기준을 말씀해드립니다.

　학원에는 왜 가고 선행학습은 왜 할까요? 당연히 지금의 성적을 잘 받기 위해서입니다. 중학교 때 고등학교 수학학원을 미리 다니는 것도 고등학생이 되었을 때 성적을 잘 받기 위해서예요. 너무 당연한 얘기죠? 하지만 우리는 그렇게 학원을 선택하고 다니고 있을까요? 현재 성적이 충분히 좋지 않다면, 다시 말해 현재 진도를 충분히 소화하지 못하고 있다면 어떻게 해야 할까요? 당연히 선행학습을 멈추고 현재 진도에 집중해야 합니다. 현재 성적도 잘 나오지 않는데 선행학습 학원을 다닌다? 절대로 미래에 성적을 잘 받을 수 없습니다. 선행학습과 학원 선택의 기준은, '지금 이 진도를 충분히 소화하는가?'에 있습니다.

선행학습이라는 것은, 현재의 진도를 충분히 이해하고 여력이 남을 때 다음을 미리 준비하는 것으로 기준을 삼으면 틀리지 않습니다. 그리고 그 선행학습마저도 충분히 이해하여 여력이 남으면 더 미래의 고난도 심화학습을 하면 되죠. 한계는 없습니다. 초등학생인데 충분히 중학교와 고등학교 단계의 수학을 이해한다면 당연히 대학 수준의 수학 공부를 할 기회를 마련해야겠죠. 반대로 지금 중학교 1학년이고 현재 성적이 충분히 나오지 않는데 중2, 중3 과정 공부를 미리 한다? 정말로 비효율적인 방법입니다. 나중에 중2가 되고 다시 중1 공부를 해야 할지도 모릅니다.

저는 민족사관고등학교를 나왔기 때문에 학원을 다닐 수 없었어요. 당시는 지금처럼 온라인 강의가 없던 시절이라 직접 학원에 가지 않으면 선행학습을 하기가 아주 어려웠답니다. 그래서 실제로 수학 같은 경우 고1 때 이미 고3 과정을 다 끝내는 많은 특목고 학생들과는 다르게 거의 실제 학년에 따라 수학 진도를 나가게 되었는데 그것이 수능에 문제가 되지는 않았답니다. 오히려 문제는 당시에 이해를 충분히 못했지만 빠르게 외우고 넘어갔던 고1 함수에서 생겼어요. 앞부분의 함수를 충분히 공부했으면 쉽게 이해할 수 있었던 고2, 고3 부분이 고1 함수 이해가 충분하지 않아서 공부하는 데 너무 많은 시간이 걸린 겁니다. 결국은 다시 앞부분을 펴볼 수밖에 없게 되었죠. 진도 나가기도 바쁜데 틈틈이 이전 과정을 다시 메우느라 꽤나 힘들었던 기억이 있어요.

우리나라의 교과 과정은 아주 치밀하게 단계별로 구성되어 있습니다. 중1 공부를 탄탄히 쌓아두지 않고 중2 과정으로 넘어가면 구멍이 숭숭 납니다. 중학교 과정을 다 채우지 않고 고등학교에 가면 도저히 이해가 안 되는 부분이 생깁니다. 고등학교 때 수학이 갑자기 어려워진다는 것은 사실 중학교 과정을 제대로 이해하지 않고 고등학교에 갔을 때 더 이상 이해하기 어려울 정도가 되기에 나온 말입니다. 일차 방정식을 모르고 넘겼는데 갑자기 삼차 방정식을 배운다고 생각해보세요. 알파벳도 모르는데 영작문을 하는 것과 같겠죠.

현재 성적이 충분히 나오지 않는다면 당연히 선행학습 학원을 멈추고 당장의 성적을 정상 궤도로 끌어올릴 수 있는 공부에 초점을 맞춰야 합니다. 지금의 과정이 탄탄하다면 나중에 새로 나오는 과정도 빠르게 이해할 수 있습니다. 반대로 지금의 과정에 구멍이 많다면 아무리 미리 선행학습을 한다고 해도 이해하는 데 시간이 훨씬 더 많이 걸립니다. 학원과 선행학습은 현재의 성적을 잘 받기 위함이라고 했죠? 다시 말하지만 현재의 공부가 충분하지 않다면 얼른 그 구멍을 메우는 데 초점을 맞춰 공부하세요. 나중에 정말 어려운 과정을 마주했을 때 지금 이 복습이 큰 힘이 될 겁니다.

선행학습과 학원은 무엇을 기준으로 판단하면 된다? 내가 현재 진도와 과정을 충분히 잘 소화하고 있는가를 기준으로 하면 됩니다. 충분하다면 선행을 고려하고, 충분하지 않다면 지금의 과정을 메우는 것에 집중하면 훨씬 좋은 결과를 얻을 것입니다.

열심히 외워도
금방 까먹어요

열심히 공부해도 자꾸 까먹어서 자존감이 낮아지거나 스스로 머리가 나쁘다고 생각하여 아예 공부를 포기하게 되는 경우를 종종 봤어요. 그럴 때는 암기하는 방법이나 자신이 정말로 암기를 했는지부터 확인해봐야 하는데요, 보통 내가 외웠다고 생각할 때 실제로는 아직 못 외운 상태인 경우가 많거든요. 암기는 간단하게 말해서 단기 암기와 장기 암기가 있는데, 보통 장기 암기법을 사용하지 않는다면 자꾸 잊어버린다고 느낄 수 있답니다. 공부할 때 어떤 방법으로 암기하고 있는지 한번 스스로 확인해보세요.

단기 암기는 '이해' 단계를 거치기 전에 일단 글자나 숫자 표현 자체를 외우는 과정이라 보면 됩니다. 이렇게 외운 건 보통 하루를 넘기지 못하죠. 계속 읽어서 소리로 외우든, 계속 써서 글로 외우든, 그림으로 그려서 그림을 외우든 의미를 정확히 이해하기보다는 그 표현 자체를 외우는 방식이에요. 누군가의 전화번호를 외운다고 할 때 일단 소리 내서 여러 번 읽거나 공책에 쓰다 보면 잠시 외워지잖아요? 그리고 핸드폰에 얼른 저장해놓으면 금방 잊어버리죠. 그 의미가 완벽히 이해되거나 흡수되지 않았기 때문이죠. 뇌가 스스로 기억해야 할 이유가 불분명하니까 금방 지워버리는 거예요. 많은 학생이 영어 단어를 외울 때나 시험 직전에 벼락공부할 때 사용하는 것 같아요.

장기 암기는 내가 외운 표현들과 함께 그 의미를 이해한 상태를 말합니다. 예를 들어 영어 단어를 외운다고 했을 때, 안경이라는 뜻의 glasses를 알파벳 g l a s s e s로 열심히 쓰거나 읽어서 외운 상태는 단기 암기 상태입니다. 그런데 이 glasses라는 표현을 실제 안경의 모습을 떠올리거나 예시 문장으로 활용하며 그 의미를 같이 이해하면 그 단어는 장기 암기의 단계로 넘어갑니다. 간단한 예를 들어, 'I forgot to bring my glasses(나 안경 가져오는 것을 깜빡했어)'라는 문장을 그 상황과 함께 상상하며 써보고 만들면, 뇌가 '아, 이런 상황을 위해서 이 단어를 이해하고 기억해야 하는구나'라고 인식하고 오래 저장하기 시작해요. 이렇게 의미 파악이 된 상태가 장기 암기 단계입니다. 영어 단어 외울 때 예시 문장을 함께 보라는 이야기를 혹시 들어보지 않았나요? 단순히 문장을 외우는 것이 중요한 게 아니라 이렇게 그 단어의 활용 상황과 의미를 익히기 위해서랍니다.

많은 학생이 무언가를 암기했다고 할 때 첫 번째 단기 암기 단계까지만 하고는 완벽히 외웠다고 생각하는 경우가 많아요. 잠시나마 영단어 받아쓰기를 할 수 있고, 시험 공부할 때 빠르게 공식을 외워서 문제를 맞출 수 있거든요. 문제는 그렇게 암기한 것은 빠르게 잊힌다는 겁니다. 암기에 쏟은 노력이 무색하게 시간이 지나면 다 잊어버리고 말아요. 그리고 머리가 나빠서 다 잊어버린다고 생각하죠. 그러나 사실은 머리가 나빠서가 아닙니다. 단기 암기의 단계에서 실제로 외운 것을 의미 있게 활용하는 장기 암기의 단계로 넘기는 공부를 하지 않았기 때문이에요.

아마 많은 학생분들이 단기 암기를 하고 금방 잊어버린 후 머리가 나쁘다고 생각하고 있을 거예요. 한번 시간을 넉넉히 가지고 외운 것을 의미 있게 활용하는 장기 암기용 공부를 해보세요. 생각보다 내가 머리가 좋다고 생각될 수 있답니다.

사실 저도 중학교 때 학원에서 엄청나게 많은 영단어를 외우면서 깨닫게 된 방법이에요. 일주일에 두 번씩, 한 번 갈 때마다 200~300개의 영단어를 외웠는데 그때는 한두 개 틀리고 다 맞곤 했거든요? 근데 정말 거짓말처럼 나중에 다 잊어버리더라고요. 그래서 '아, 이건 별로 효과적인 방법의 영단어 암기가 아니다. 왜 그럴까?'를 고민하다가 위와 같은 차이점을 알게 되었어요. 외우는 개수가 적어지더라도 외우고 잊어버리느니 한 번 외울 때 제대로 이해하는 것이 훨씬 효율적입니다. 장기 암기법으로 한번 연습해보세요. 의외로 상상이 재미있고 어렵지도 않답니다.

시험에서
긴장하고
실수해요

이건 저도 참 공감이 가는 고민이에요. 이 책에도 적었지만 제가 초등학교 때 시험을 보다가 너무 긴장했는지 위경련이 나서 시험 보는 도중에 양호실에 간 적도 있으니까요. 지금 생각해보면 초등학생이 시험 볼 때 뭐가 그렇게나 긴장이 되어 위경련이 났는지 한편으로 실소가 나기도 하지만 그때는 정말 심각하게 생각했죠. 시험에 대한 긴장과 실수를 없애는 방법은 그 후에 터득하면서 좀 더 시험을 효과적으로 볼 수 있게 된 것 같아요. 사실 시험이라는 것에 대한 긴장과 실수에 대한 두려움은 그 원인이 각각 다릅니다. 긴장은 시험을 대하는 마음가짐에서 비롯하고, 실수는 시험에서의 기술이 부족해서 발생하는 경우가 많아요.

시험은 왜 볼까요? 부모님이나 남에게 보여주기 위해서? 내가 우리 반에서 얼마나 잘하는지 등수를 확인하기 위해서? 아닙니다. 시험은 내가 해야 하는 공부를 얼마나 달성했는지 스스로 확인하기 위해서 보는 거예요. 만약 100점 만점 중 80점을 맞았다면, '내가 이번에 했어야 하는 공부 중 80퍼센트 정도를 해냈구나'라고 스스로 인지하고 나머지 20점을 더 달성해서 더 나은 자신을 만들기 위해 노력하는 겁니다. 시험의 비교 대상은 지난 시험의 나밖에 없고, 이번 시험을 보는 나밖에 없습니다. 시험은 내 실력을 확인하기 위해서 보는 거예요. 만약 시험을 안 본다고 상상해보세요. 그러면 내가 이번에 배운 수학 내용을 정말로 알고 있는지 모르는지 정확히 알 방법이 없답니다.

그런데 부모님이나 선생님 등에게 점수를 보여주고 기대치를 충족시켜드려야 하고, 우리 반에서 혹은 전교에서 내가 몇 등을 하는지 그 위치를 확인해야 하는 등 그 외의 감정들이 나를 훨씬 긴장하게 만듭니다. 정작 중요한 것은 내 실력을 내가 알기 위해서 하는 것인데 말이죠. 일단 시험은 내가 내 실력을 확인하기 위해, 즉 나를 위해 보는 것이라는 점을 잊지 말아야 합니다. 누가 어떻게 이야기하든 가장 중요한 것은 내가 현재 내 실력을 확인하고 어떻게 하면 더 발전하게 만들지 생각하기 위한 것이죠. 그래야 끊임없이 공부를 통한 발전을 경험할 수 있어요. 다른 사람들의 감정이 상하는 것은 그 사람들에게 맡겨두고 일단 나는 내 시험에 집중하면 훨씬 부담이 덜어집니다. 내 감정도 컨트롤이 어려워서 긴장되는데 모두의 감정을 내가 다 감당하면 오히려 긴장해서 성적이 떨어지죠. 나에게만 집중합시다!

실수는 물론 긴장 때문에 발생하기도 하지만 시험을 보는 기술이 부족하여 발생하는 경우도 아주 많아요. 시간 분배를 어떻게 해야 할지, 검토는 몇 번을 어떤 방식으로 해야 할지, 제한된 시간 안에서 가장 효과적으로 문제를 푸는 것도 많은 기술을 요구하거든요. 이 부분은 뒤편의 부록을 참고해주세요. 정말로 한두 문제 정도는 더 맞힐 수 있고 아슬아슬한 문제들까지도 정답을 맞히게 된답니다. 그리고 팁 하나 드릴게요. 이 답이 맞는지 저 답이 맞는지 헷갈릴 때가 있죠? 그럴 땐 처음에 생각한 답이 맞을 확률이 절반 이상 된답니다. 갑자기 불안해서 고민된다면 처음에 생각한 답을 쓰세요.

좋아하는 과목과 싫어하는 과목 중 무엇을 먼저 공부해야 하나요?

시험 공부 기간에 특히 자주 받았던 질문이에요. 공부할 때 내가 좋아하는 과목을 먼저 하면 그래도 힘이 좀 나고 재미 있지만, 뒤 이어서 싫어하는 과목을 공부하려니 이미 힘이 빠진 상태가 되곤 하죠. 반대로 싫어하는 과목을 먼저 하려니 일단 공부를 시작하기조차 싫고요. 그래서 '어떤 과목을 먼저 공부해야 효율이 좋을까' 하는 질문을 의외로 많이 받았어요. 저만의 답을 드리자면 다음과 같답니다.

내가 힘이 넘치고 에너지 상태가 좋을 때는 싫어하는 과목을 먼저 하는 것이 효과적이고, 내가 지쳐 있거나 에너지 레벨이 낮을 때는 좋아하는 과목을 먼저 하는 것이 더 좋아요. 조금 설명을 덧붙이

자면, 매일매일 나의 기력 상태가 다르죠? 어떤 날은 하루 종일 힘이 나고 어떤 날은 아침부터 힘이 없고 지쳐 있고요. 나의 상대에 따라서 공부 순서도 함께 조절하는 것이 좋답니다.

지쳐 있는 상태에서 싫어하는 과목 먼저 공부하면 그 과목 하나도 제대로 계획대로 끝내지 못하고 아예 그날 전체를 날릴 가능성이 커요. 그럴 때는 내가 좋아하는 과목을 찬찬히 공부하면서 기분을 좀 좋게 만들고 힘이 나게 만든 후 그 힘으로 싫어하는 과목을 이어서 하면 좀 더 효과적이더라고요.

반대로 내가 힘이 충분히 있는 상태라고 하면 먼저 싫어하는 과목을 해도 충분히 이겨낼 수 있는 에너지가 있어요. 아무래도 싫어하는 과목에 머리를 더 많이 써야 하니까 스트레스도 받고 힘도 들지만 오늘은 해낼 수 있는 거죠. 싫어하는 과목을 마치고 그 후에 좋아하는 과목을 하니까 마지막까지 어렵지 않게 끝마칠 수 있고요.

다만 항상 에너지가 떨어져 있는 상태라면 그때는 공부를 생각할 것이 아니라 다른 부분에 문제가 있지는 않은지 살펴봐야 합니다. 건강에 문제가 있거나, 전체적으로 너무 과로하고 있거나, 오랫동안 싫어하거나 견디기 어려운 일들이 계속되며 심신이 지쳐 있는 등 공부와는 관계없는 다른 이유 때문에 에너지가 장기적으로 떨어져 공부가 안되는 경우가 있어요. 이럴 때는 공부보다 먼저 그 문제를 진지하게 해결하기 위해 노력해야 합니다. 장기적으로 만성 피로 상태라고 느껴진다면 원인을 고민해보고, 해결을 위해 주변의 어른들께 도움을 요청해보세요. 또 창의적인 방법으로 해결 방안도 찾아보세요. 이런 상태로 공부까지 신경 쓰면 어차피 공부도 잘 되지 않고 스트레스만 받으니 공부는 잠시 내려놓고, 내재된 원인을 파악하고 해결하는 데 초점을 맞추는 것이 공부에도 결국 도움이 된답니다.

대학 전공을
어떻게 정해야 할지
고민이에요

목표 대학과 학과를 정하는 것은 참 고민되는 일입니다. 고3은 물론이고 중학교 때부터 대학과 학과를 고려하여 고등학교 진학을 고민하는 경우도 흔하죠. 아, 일단 저는 공부는 자세히 말씀드릴 수 있지만 입시 전문가는 아닙니다. 입시는 끊임없이 변하고 매년 치열하게 전략을 짜고 계신 것으로 알고 있는데요, 입시 제도가 어떻든 대학과 학과를 고민할 때 공부와 관련된 중요한 대전제가 있습니다. 그런 부분을 말씀드리려 합니다.

먼저 대학 학과가 나의 직업과 커리어에 미치는 영향은 생각보다 적다는 점입니다. 다시 말해, 대학 학과를 정한다고 꼭 그 길로 가야 하는 것은 절대 아니며 대학 학과와 다른 직업을 선택한다고 해서 그 대학 시절의 공부가 무의미해지는 것도 아닙니다. 가끔 그렇게 전공과 다른 직종을 선택하게 되면 그동안 그 전공 공부를 해온 다른 친구들에 비해 뒤처져서 시작하는 것 아니냐는 불안감으로 너무 신중해져서 학과 선택을 어려워하는 학생 여러분들이 있는데요, 생각보다 그렇게 큰 영향을 미치지는 않으니 걱정 말라고 말씀해드립니다. 학교에서 배운 것과 실제로 사회에 나와서 일할 때 알아야 하는 것은 큰 차이가 있어서 새로 배워야 한다는 이야기 들어보셨나요? 실제로 전공과 직업이 같더라도 실제로 사회에 나와보면 마치 아무것도 모르는 사람처럼 배워야 하는 것 천지입니다. 전공 학과보다 오히려 훨씬 더 중요한 건 대학 생활입니다.

대학은 아주 자유도가 높은 면학 공간이죠. 내가 공부하고 싶으면 고등학교 때보다 좋은 환경과 선생님을 만나 다양하고 깊이 있게 공부할 수 있습니다. 과목은 물론 시간표도 선택할 수 있으며, 심지어는 교수님을 졸라서 새로운 수업을 만들거나 학생들끼리 스터디 그룹을 만들 수도 있습니다. 영향력 있는 동아리를 만들어서 대외적인 활동을 할 수도 있고 내가 누군가를 가르칠 수도 있습니다. 학업과 관련한 엄청나게 높은 자유도를 가지고 있는 곳이 대학입니다. 대학 때 이 자유와 시간을 어떻게 쓰느냐에 따라 대학 이후의 삶에 훨씬 더 큰 영향을 미칩니다.

저는 대학 때 전공 수업 외에 특히 강렬한 기억으로 남은 경험이

'HPAIR'라는 사회대 동아리 활동이었습니다. 이 동아리의 정식 명칭은 'The Harvard Project for Asian & International Relations'로, 하버드 학생들이 아시아 지역 학생들과 교류하기 위한 국제 학술 동아리입니다. 국제 이슈에 대해 공부하고 토론하며 전국 대학생 대상 대규모 회의를 열고 석학들을 모셔서 세미나를 하는 등 학생인 우리가 직접 다양한 활동을 계획하고 실행했죠. 지금 생각해보면 어떻게 그렇게 열심히 했을까 싶을 정도로 많은 공부와 활동을 경험했습니다.

보통 다른 학생들은 쉬면서 보내는 어느 겨울방학 때도 저는 연초에 열릴 대규모 회의를 준비하느라 크리스마스 이브에도 밤새 회의 주제였던 테러리즘에 대해 공부했습니다. 당시에는 정말 바쁘게 지내느라 가끔은 몸이 힘들기도 했지만, 그때 수많은 외국 학생들과 국내외 사회 이슈에 대해 이야기 나누고 서로의 의견과 관점을 나누었던 경험들이 어떤 수업보다도 큰 배움으로 남았습니다. 그때 배운 국제 감각과 다양한 문화 관점, 자신의 의견을 자신 있게 이야기하는 방법 등이 지금의 제 삶에 아주 큰 도움이 되었다고 생각하고요.

그 외에도 컴퓨터 프로그램 동아리, 대학생 명상 캠프, 갤러리 전시회 기획 등 저는 대학 시절 동안 늘 쉬지 않고 대학에서 배울 수 있는 수많은 공부와 활동을 했습니다. 그리고 그것이 거짓말처럼 저의 인생의 방향성과 진로에 영향을 미친 것이 사실이고요.

이렇게 대학은 전공과 학과보다 오히려 나의 실력, 경험, 가치관을 위해서 얼마나, 어떻게 시간과 에너지를 쓰느냐가 훨씬 더 중요합니다. 높은 자율성과 긴 시간을 가지고 대학이라는 울타리에서 제공하는 수많은 혜택을 최대한 활용해보세요. 어떤 방식으로 사용하느냐에 따라 내 삶의 방향과 결과가 달라질 수 있습니다. 대학과 학과가 고민이라면 일단 관심 있는 대학들에 직접 가서 한번 둘러보세요. 그리고 대학을 느끼고 상상해보세요.

하나 더 말씀드리자면, 내가 가고 싶은 학과가 아닌 성적에 맞춰서 좋은 대학의 경쟁률이 낮은 학과를 지원하는 것은 개인적으로 추천하지 않습니다. 그 학과가 최소한 나의 3순위 정도 된다면 모를까, 나중에 전과를 생각하여 나와 전혀 관련이 없는 학과를 일단 좋은 대학으로 가겠다는 생각은 실제로 작동하지 않는 경우를 많이 봤습니다.

지인 중에 좋은 대학을 위해 이렇게 본인과 전혀 관련 없는 학과를 전략적으로 간 친구들이 있습니다. 그중에 실제로 본인이 가고 싶었던 학과로 전과한 경우를 저는 거의 보지 못했어요. 의외로 이유가 명확했는데, 본인과 잘 맞지 않는 학과를 가다 보니 일단 공부가 재미없어서 학교를 자주 안 나오게 되고 당연히 성적이 좋지 않게 됩니다. 전과를 하려면 성적이 대단히 좋아야 기회가 생기는

데, 본인과 안 맞는 공부를 하려니 좋은 성적을 받기가 어렵고 그러다 보니 전과할 수 있는 성적 기준을 충족하지 못하는 거였어요. 결국 이도 저도 아니게 학교를 그만두고 다시 수능을 보거나 그냥 억지로 졸업 후 대학원을 다시 자신이 원하는 학과로 가는 경우들이 있었죠.

이런 학과가 요즘 뜬다는데 이 학과로 갈까, 전략적으로 일단 좋은 학교를 가고 그 다음에 전과를 할까, 앞으로 이 직업이 뜬다니까 이 학과를 갈까 하는 일종의 전략적 학과 선택은 그 이후가 참 힘듭니다. 대학에 가면 중고생 때는 상상하기 어려울 정도의 많은 시간과 선택의 자유가 갑자기 주어지기 때문에 자칫하면 본인이 좋아하는 것만 하고 지내기 십상입니다. 내가 좋아하고 관심 있는 학과를 선택했다면 어려워도 즐겁게 공부하려고 노력하겠지만, 그렇지 않다면 자꾸 손을 놓게 되고 내가 좋아하는 것만 찾게 되죠.

전공을 고민할 때는 반드시 나를 중심에 두고 고민하세요. 내가 무엇을 조금이라도 더 좋아하고, 무엇을 할 때 누군가 시키지 않아도 스스로 찾아보고 알아보게 되고, 어떤 것을 보았을 때 흥미가 생기는지, 완벽하지 않아도 조금이라도 자신의 기준으로 나은 것을 선택하세요. 대학 전공이 내 인생을 결정짓는 것도 아니고, 멀리 보면 다른 대학 활동들이 훨씬 더 내 인생에 큰 영향을 미치니까요.

민족사관고등학교
좋아요?

저는 민족사관고등학교 4기로 입학했습니다. 당시 개교한 지 4년밖에 안 된 신생 고등학교를 선택한 것이었죠. 지금이야 익숙하지만 당시만 해도 모든 학생이 기숙사 생활을 하고 한복을 입고 다니는 참으로 특이한 학교였는데, 지금 생각해보면 용감한 선택이었던 것 같습니다. 결과적으로는 많은 것을 얻고 공부하게 되어서 저는 만족합니다. 민사고에서 공부한 걸 제 인생에 찾아온 큰 행운이라고 생각하지요. 다시 10대로 돌아가 고등학교를 선택한다고 해도 민사고를 선택할 것이라 망설임 없이 이야기할 수 있답니다. 저는 민사고를 왜 이렇게 자신 있게 추천할까요? 무엇이 좋았는지 세 가지로 한번 정리해볼게요.

먼저, 민사고에서 공부한 덕분에 저는 자주성과 실행력에 많은 성장을 경험했습니다. 민사고는 시간표가 타이트합니다. 아침 운동부터 야간 자습까지 스케줄이 있고 기숙사 학교이기 때문에 학원을 간다거나 어딘가에 놀러 가는 일 없이 풀타임 스케줄이 짜여 있죠. 얼핏 보기엔 자율성과 독자성과는 거리가 멀어 보이는 일과입니다.

하지만 실제로 경험한 바는 매우 다릅니다. 스케줄이 정확할 뿐 그 안에서의 행동과 사고의 자유도가 아주 높습니다. 한 교실의 한 자리에 앉아 등교부터 야자까지 쭉 보내는 것이 아니라, 과목별로 각기 다른 반이 배정되어 있고 해당 반 선생님 강의실로 매시간 수업을 듣기 위해 찾아갑니다. 대학 수업 같죠. 그러다 보니 수업마다 친구들도 달라지고 수업의 난이도나 내용도 다릅니다. 별것 아닌 것 같지만 '정해진 자리에 앉아서 수업을 받는다'라는 수동형이 아니라 '내가 해당 수업을 찾아간다'라는 능동 개념이 생기고, '전체 반 인원 중 나'가 아니라 '나를 중심으로 변동 인원 구성'으로 조직에 대한 개념도 능동적이 됩니다. 심지어 일부 수업은 선택이 가능해서 내가 어떤 것을 좋아하고 선택할지를 스스로 고민해야 했죠.

더욱 놀라운 점은 담임 선생님을 제가 선택했다는 것입니다. 영어를 사용하는 학교답게 담임 선생님을 Advisor(고문, 자문)로 부르는데, 이 단어 또한 저를 자주적으로 만듭니다. 제가 좋아하고 나와 잘 맞는 선생님을 Advisor로 선택하여 모셨기 때문에, 시간이 생기면 선생님 연구실로 놀러도 가고, 고민이 있으면 가장 먼저 가서 상담도 하고, Advisor 시간에 뭔가 더 배우기도 하는 등 알게 모르게 저의 생각과 행동에 큰 자유와 활동성을 주었습니다.

또 동아리 활동에 대한 존중과 자주성이 높았습니다. 학생 수에 비해 엄청나게 많은 동아리가 있고, 학생 한 명이 여러 개의 동아리 활동을 하는 것은 흔한 일이었습니다. 동아리를 내가 직접 선택하고 활동하기 때문에 자부심도 강했어요. 저는 동아리를 하나 만들었는데요, 그림 그리고 만화 그리는 것을 좋아했던지라 그림 동아리 '경국지화'를 만들어서 선후배를 모아 활동했습니다. 내가 그림을 그리고 싶어서 선배를 찾아가서 활동 요청을 하고, 동기들과 후배들을 모아서 동아리를 만들었죠. 학교 행사 때는 직접 그린 그림으로 열쇠고리를 만들어 판매하기도 하고, 동아리 시간에 미술 선생님을 모셔서 함께 고전 영화를 보면서 그림으로 분석하기도 하며 아주 즐거운 시간을 보냈습니다. 20년 정도 지났는데 아직 동아리가 잘 유지되고 있다고 하니 감개무량합니다.

이처럼 민사고는 시간표가 정해져 있을 뿐, 그 안에서 개인의 자주성과 창의성이 대단히 많이 필요하고 요구되는 환경이었습니다. 저도 학생 때는 일과가 빡빡하다고 생각했는데 나중에 돌아보니 오히려 유연했다는 것을 깨달았죠. 내가 무언가를 주체적으로 선택하고 행동해야 했기 때문에 끊임없이 고민이 있었지만 내가 원하는 것을 찾아 행동하는 것은 대단히 즐거운 일이었습니다. 나는 무엇을 하고 싶고 무엇에 관심이 있고 무엇을 할 때 열정적인지 점점 알게 된달까요.

두 번째는, 나만의 가치관과 주관을 형성하고 행동에 책임감을 기를 수 있는 교육 환경이었다는 점입니다. 1학년 영어 시간에 이런 경험을 한 적이 있습니다. 토론 수업이었는데, 주제는 '동성 부부의 아이 입양에 대한 입장을 정하고 찬반 토론하기'였지요. 세상에. 1999년에 18살 아이들 예닐곱 명이 모여서 영어로 이 주제를 토론한다니. 그때 저는 한 시간 내내 친구들이 무슨 얘기를 하나 듣고만 있었습니다. 일단 영어 실력도 부족했거니와 저런 주제에 대해 생각해본 적이 없어서 찬성이나 반대를 주장하기에도 어려웠거든요. 몇몇 친구들은 어찌나 자기 의견을 잘 이야기하던지. 놀라우면서 한편으로 '내 생각, 내 관점'이라는 것에 대한 필요성과 힘을 절실히 깨달은 날이었습니다.

토론 수업이 많았던 것은 물론, 꼭 토론이 아니어도 수업 시간에 서로 의견을 주고받는 일이 자유로운 분위기였습니다. 학생 법정 제도를 통해 학생들이 직접 서로의 잘못을 판단하거나 변호하고, 지식 수준은 다르더라도 선생님의 의견과 상반된 의견을 자신 있게 제시할 수 있는 수업 분위기 등등 '나는 이것에 대해 어떻게 생각하는가?'를 끊임없이 고민하며 스스로 답을 찾아야 하는 환경이었습니다.

간단하게는 식사 시간에 어떤 메뉴를 얼마나 먹을 것인지와 같이 배식에 대한 것도 모두 자율이었어요. 다만 자기가 자율적으로 받아온 만큼 음식물은 남기면 안 됐습니다. 무서운 체육 선생님이 퇴식대에 서 계셨거든요. 내 생각과 판단에 대한 책임을 스스로 지게 하는 단순하지만 강력한 시스템이었죠.

결과적으로, 이러한 민사고에서의 주체적이고 책임감이 따르는 분위기는 나를 둘러싼 모든 상황에 대해 '나의 생각은 어떠한가', '나는 이것을 어떤 관점으로 바라보고 어떻게 행동할 것인가' 등 선택의 기로에서 흔들림 없이 내 생각을 믿고 판단하는 훈련이 되었습니다. 그래서 제가 그동안 여러 분야에 걸쳐 다양한 일을 하면서도 길을 잃지 않고, 자신 있게 판단하며 행동할 수 있는 것 같아요. 성공 여부를 떠나 최소한 스스로 내가 이 일을 왜 하고 왜 선택했는지 분명히 이야기할 수 있는 건 그때의 교육 영향이 크다고 생각합니다.

마지막으로 생각나는 민사고의 장점은 '열심'에 대한 기준이 매우 높아졌다는 것입니다. 지금 생각해보면 대체 왜 그렇게까지 했는지 모르겠지만 정말 열심히 공부했습니다. 저뿐만 아니라 친구들 대부분 말이죠.

형설지공(螢雪之功)이라는 말이 있습니다. 반딧불과 하얀 눈에 비친 빛으로 고생 속에서도 공부했다는 이야기. 놀랍게도 민사고에서도 그런 일이 있었습니다. 수업 시간에 조는 것을 막기 위해 밤이 깊으면 기숙사 불 전체를 껐는데, 그럼에도 불을 끌 수 없는 화장실과 엘리베이터실에 몰래 숨어서 늦은 시간까지 많은 친구가 공부했습니다. 화장실에 의자를 가져다 놓고 어둑한 불빛에서 공부하기도 하고, 사감 선생님께서 잘 안 다니시는 엘리베이터실에 앉아서 공부하기도 했죠. 지금이야 충전식 스탠드나 스마트폰 손전등이 있지만, 당시는 스마트폰이 있었던 때도 아니고 건전지 손전등이라고 해봐야 밝기가 약했던 때라 그 불빛에 의존해 공부하기란 쉽지 않았죠. 제가 졸업한 후엔 커다란 충전지를 가져와서 스탠드를 켜고 공부하는 등 밤늦게까지 공부하기 위해 별별 방법이 다 동원되었다고 하더군요.

무언가를 스스로 부끄럽지 않게 열심히 한다는 것의 기준은 각자 다를 것 같습니다. 저는 민사고에서 친구들끼리 시너지를 내며 그 기준이 계속 상향되었는데, 세계적인 수준으로까지 갔다고 해도 과언이 아니라고 생각됩니다. 제 민사고 동기 중에 국제생물올림피아드 국가대표로 금메달을 따고 온 친구도 있었으니까요. 스포츠에 올림픽이 있다면 수학, 과학에는 올림피아드가 있습니다. 스스로 국가대표가 되기 위해 도전하던 아이들이 모여 있었으니 노력에 대한 기준이 높아지고, 다들 참 열심히 했던 것 같습니다.

저는 강연에서 중고등학생을 만날 때마다 늘 이렇게 이야기합니다. 좋은 학교를 갈 수 있다면 가라고. 단순히 학력의 문제를 이야기하는 것이 아닙니다. 외국에 나가면 어차피 서울대도 아무도 모르고 그냥 실력으로 평가받으니 그런 게 중요한 게 아니라고 이야기합니다. 좋은 학교를 가는 건 학생들과 선생님의 수준이 다르기 때문입니다. 공부를 열심히 하는 학교에서는 공부를 안 하는 아이가 이상한 아이가 되고, 공부를 안 하는 분위기의 학교에서는 공부를 열심히 하는 아이가 이상해 보입니다. 바로 그 차이입니다. 내가 '스스로 무언가를 열심히 한다'는 것에 대한 기준이 달라집니다. 저도 민사고 때를 기준으로 한 번 크게 바뀌었던 것 같아요. 그래서 다시 선택해도 민족사관고를 갈 것이라 자신 있게 말한답니다.

서울대,
민사고 수석의
시험 공부법
따라 하기

부록에는 학업과 성적에 실질적인 도움을 주는 저만의 방법들을 정리해 봤습니다. 공부는 각자 자신에게 맞는 방법이 있습니다. 모든 사람에게 적용되는 절대적인 방법은 없습니다.

하지만 현재 지닌 실력을 100퍼센트 발휘해서 시험을 잘 보고, 공부 스트레스를 조금이라도 덜 수 있는 방법은 분명 있습니다. 지금부터 하나씩 공개할 테니 실제 적용해보면서 자신에게 맞는 방법을 꼭 찾길 바랍니다.

같은 실력을 지니고도 누구는 실력에 비해 점수를 잘 받고, 어떤 친구는 평소에는 잘하다가 시험만 보면 실수를 해 실력보다 낮은 점수를 받는 경우를 봤을 거예요. 어떻게 하면 실수 없이 실력만큼, 혹은 실력 이상의 점수를 받을 수 있을지 그 방법을 알려드릴게요.

시험은 제한된 시간 안에 내가 알고 있는 것을 십분 발휘해 증명하는 시간입니다. 가끔 시험 시간이 부족해서, 시험지 마지막 장이 있는 줄 모르고, 시간에 쫓겨 지문을 잘못 읽어서 등등 실력은 있었는데 시험을 보는 기술이 부족하여 실력 발휘를 못하는 경우가 있죠. 시험을 보는 것에도 기술이 있습니다. 다시 말하면, 제한된 시간 내에 내가 알고 있는 것을 최대한 보여주기 위한 시험의 기술입니다. 한번 익혀서 따라 해보세요.

1장

시험 범위를
빠짐없이
공부하는 방법

시험 3주 전부터 똑똑한 계획표 짜기

누구나 시험 때가 되면 열심히 공부합니다. 그런데 똑같이 하루에 세 시간 시험 공부를 해도 계획표에 따라 그 결과가 천차만별이될 수 있다는 사실, 알고 있나요? 지금부터 차근차근 따라 하면 시험 범위 전체를 마스터할 수 있는 계획표 짜는 비법을 알려드리겠습니다.

이 과목 저 과목 헤매면서 띄엄띄엄 공부하지 말고, 최소한의 시간으로 최고의 효율을 내는 공부를 한번 해보자고요. 참고로 이 계획표는 중고등학생을 대상으로 중간 및 기말고사 등 내신 시험에적용할 수 있도록 만들었습니다. 이왕 시험 준비를 해야 한다면, 실력 발휘를 제대로 할 수 있도록 완벽하고 재미있게 공부하는 비법을 알려드리려고 합니다. 제가 실제로 중고등학생이었을 때 활용한 방법이고, 여러 번의 수정을 거쳐 검증된 방법을 정리했으니 시험 볼 때 적용해보세요.

먼저, 시험 계획표는 언제 짜는 것이 가장 좋을까요? 보통 시험 범위는 시험 3주 전쯤에 공개됩니다. 그 후에 상황에 따라 범위가 약간 변할 수는 있지만, 기본적으로는 3주 전에 공지되니 그때부터 계획표를 짜는 게 좋습니다. 시험 공부를 며칠 정도 하면 가장 효과적인지 시험해봤더니 제 경험상 3주가 가장 적합했습니다. 2주는 시험 범위를 한 번 다 볼 수는 있지만, 재검토할 시간이 부족해서 완벽성이 떨어지더군요. 반대로 3주가 넘어가면, 일단 시험 범위가 아직 나오지도 않은데다 준비 기간이 너무 길면 후반에 지칠 수 있습니다. 그래서 제가 추천하는 시험 공부 기간은 3주입니다. 3~4일 정도 되는 시험 첫날을 기준으로 3주를 잡으면 됩니다.

또 여기서 3주는 수업 시간에 최소한 졸지 않고 내용을 어느 정도 숙지한 상태를 기준으로 합니다. 시험 범위 내용을 전혀 모르는 상태에서 시작하면 3주로도 어려울 겁니다. 평소 수업 시간에 잘 들었든, 학원에서 보충을 했든 지금 당장 시험을 봐도 절반 이상은 맞힐 수 있는 상태에서 시작해야 합니다.

하루에 여러 과목 배치하기

자, 그럼 기본 틀부터 말씀해드릴게요. 예를 들어, 열두 과목을 시험 본다고 해봅시다. 우리에게 주어진 시간은 3주, 즉 21일입니다. 대략 계산하면 이틀에 한 과목(12과목×약 2일 = 약 24일)을 끝내야 합니다. 이는 상당히 만만치 않은 분량입니다. 그럼 처음 이틀 동안은 국어를 끝내고, 다음 이틀은 수학을 끝내면 될까요? 아닙니다.

한 번 집중하고 공부할 수 있는 시간은 생각보다 길지 않습니다. 이틀에 한 과목을 끝내려면 하루에 연속 네 시간 동안 같은 과목을 공부해야 하는데, 생각만 해도 한숨이 절로 나옵니다. 웬만한 사람은 그 시간 동안 집중력을 유지하기 어렵습니다. 학교 수업 시간, 즉 50분 수업하고 10분 쉬는 패턴이 자기도 모르는 사이에 한 시간이라고 몸에 배어 있기 때문입니다.

제 경험상 하루에 한 과목을 공부하는 시간은 한 시간 반에서 두 시간 반 정도가 좋습니다. 두 시간 정도 공부하고, 얼마의 휴식 시간을 갖고 다른 과목을 공부하면 머리가 다시 활성화되고 뇌의 다른 부분을 사용하게 되므로 효율이 좋아집니다.

만약 '나는 한 과목을 다 끝내고 다음 과목을 공부하는 게 마음이 편해'라고 생각하는 학생도, 한번 제가 설명하는 대로 분배해서 공부해보길 바랍니다. 한 과목을 다 끝내고 다음 과목으로 넘어가는 것도 좋지만, 집중력의 한계가 있고 먼저 공부한 과목은 공부한 지 한참 지났기 때문에 정작 시험 볼 때 기억이 잘 나지 않을 수 있습니다. 또 앞 과목들에서 처지기 시작하면 뒤에 공부하려고 계획해놓은 과목들을 아예 보지 못할 수도 있습니다. 그러므로 저는 과목을 분배해서 공부하는 걸 추천합니다.

만약 한 시간도 집중하기 어렵다면 최소한 50분은 자리에서 일어나지 않고 공부하는 연습을 해야 합니다. 그리고 10분 쉬고 다시 50분 동안 공부하면 됩니다. 무조건 한 시간은 딴짓하지 않고 공부할 수 있는 능력을 갖출 것! 물론 두 시간, 세 시간 다른 생각하지 않고 공부할 수 있으면 더 좋고요.

빈칸으로 된 달력 준비하기

자, 지금부터 실제 시험 계획표를 짜보겠습니다. 먼저 달력을 준비합니다. 벽걸이 달력도 좋고, 책상 달력도 좋습니다. 중요한 건 한 장에 전체 계획이 모두 보여야 합니다. 뒷장으로 넘어가면 어디까지 왔고, 얼마나 더 해야 하는지 한눈에 파악하기 어렵기 때문입니다. 또 글씨를 넉넉하게 쓸 수 있는 공간이 있어야 합니다. 마음에 드는 달력이 없으면 직접 그려도 됩니다. 저는 직접 달력을 만들어서 썼는데요, 인터넷에 돌아다니는 빈 달력 이미지가 많으니 출력해서 날짜를 적어 사용해도 됩니다. 그럼, 다음과 같은 형태의 달력에 계획표를 짜보겠습니다.

이때 시험 계획표는 반드시 스마트폰이나 컴퓨터가 아닌 수기로, 연필이나 샤프로 작성합니다. 수시로 고쳐야 하므로 절대 볼펜으로 작성하면 안 됩니다. 계획표는 책상 앞에 붙여두고 계속 시야에 노출시키는 것이 중요하며, 스마트폰이나 컴퓨터로 작성하면 계획표 확인하다가 문자 메시지 읽고, 앱 알람 확인하고, 이런 식이 되기 때문에 공부에 집중할 수가 없습니다.

가장 먼저 시험 기간 표시하기

달력이 준비됐으면 가장 먼저 시험 기간을 표시합니다. 날짜마다 어떤 과목을 보는지 순서대로 적습니다. 그리고 계획표를 작성하는 날은 시험 첫째 날에서 3주 전입니다. 다음 달력에서는 6월 1일부터 계획을 세우면 되겠네요.

그다음 3주간 각 과목을 몇 번에 걸쳐 공부할지 써봅시다. 예를 들어 '국어는 일곱 번은 봐야겠어', '수학은 다섯 번 정도 보면 되겠지' 하는 식으로 큰 틀을 짭니다. 여기서 잠깐, 우리는 하루에 몇 과

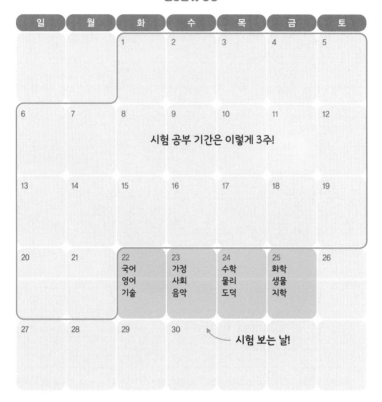

2021. 06

일	월	화	수	목	금	토
		1	2	3	4	5
6	7	8	9	10	11	12
13	14	15	16	17	18	19
20	21	22 국어 영어 기술	23 가정 사회 음악	24 수학 물리 도덕	25 화학 생물 지학	26
27	28	29	30			

시험 공부 기간은 이렇게 3주!

시험 보는 날!

목 정도를 공부할 수 있을까요? 제 경험상 학원을 두 곳 이상 가는 날은 두 과목, 단과 학원에 가거나 학원 수업이 없는 날은 세 과목, 학교와 학원도 안 가는 주말에는 서너 과목 정도 공부할 수 있어요.

한 과목당 두 시간 정도를 할애하면, 주말에는 여섯 시간에서 여덟 시간을 공부하고, 학원에 가야 해서 두 과목만 공부하는 날도 학원 수업 외 시험 공부 시간으로 네 시간을 들여야 합니다. 그렇게 해야만 하루에 두 개에서 네 개의 과목을 공부할 수 있습니다. 학원을 여러 곳 가야 해서 바쁜 날이 아니라면 최소 두 과목은 공부하는 걸 추천합니다.

그럼 하루에 평균 두세 과목을 공부하게 되는데요, 21일×하루 2~3과목=42~63번이 되고, 중간쯤으로 계산하면 55번 정도 공부할 수 있습니다. 이 숫자를 12과목으로 나누면 한 과목당 공부할 수 있는 기회는 55번÷12과목=4.6번, 즉 4~5번 정도입니다. 위에서 과목당 한 시간 반에서 두 시간 반 공부하는 게 적당하다고 했죠? 평균 잡아 두 시간이라고 하면 4~5번의 기회가 있으니, 각 과목당 시험 공부는 총 8~10시간 안팎이 됩니다. 의외로 많지 않아요. 그렇기 때문에 우왕좌왕하지 않고 효율적으로 공부하는 게 중요합니다. 물론 더 공부하고 싶은 학생은 시간을 더 들이면 되겠죠.

내 실력에 따라 횟수 배분하기

과목당 평균 4~5번을 염두에 두고 공부를 덜해도 되는 것과, 더 많이 해야 하는 과목을 구분해봅시다. 그리고 각 과목별 공부 횟수를 적어봅니다. 어떤 과목을 6번 이상 공부하면, 다른 과목은 4번 이

하가 되므로 적당히 나눕니다. 이때 최대 8번, 최소 3번 안에서 계획을 짜는 것이 좋습니다.

예를 들어 수학이 가장 약하다면 수학을 8번 공부하고, 다음으로 부족한 과목 순으로 영어 7번, 국어 7번, 물리 6번, 기술 6번, 가정 6번, 화학 5번, 생물 5번, 지학 5번, 도덕 5번, 사회 4번, 음악 4번으로 총 68번이 나옵니다. 위에서 평균 55번이 나왔는데, 지금 상태라면 너무 많군요. 그럼 적당히 다시 줄입니다. 적으면 반대로 늘리고요. '나는 수학이 자신 없기 때문에 무조건 8번은 공부해야 돼'라고 한다면 수학은 8번, 영어 7번, 국어 6번, 물리 6번, 기술 5번, 가정 4번, 화학 5번, 생물 4번, 지학 4번, 도덕 4번, 사회 4번, 음악 3번으로 수정하면 총 60번이 됩니다. 이 정도면 충분히 할 수 있겠군요.

물론 이러한 계산은 하나의 예시일 뿐이니, 본인의 실력에 맞춰 짜야 합니다. 이제 합리적으로 도출한 공부 횟수를 준비된 달력에 하나하나 집어넣어 봅시다.

국어	6	화학	5	기술	5
영어	7	지학	4	도덕	4
수학	8	생물	4	가정	4
물리	6	사회	4	음악	3

과목별 공부 횟수입니다.

학원 가는 날 먼저 표시하기

　과목별 공부 횟수를 달력에 적기 전에, 학원에 다닌다면 무슨 요일에 어떤 학원을 가는지부터 적습니다. 마지막 일주일은 시험 공부 기간이라 학원도 휴강할 수 있으니 그런 것까지 고려해서 표시해보겠습니다(당시 제가 태권도 학원을 다녀서 넣어봤습니다).

　이렇게 학원 가는 날을 표시하면 매일 시험 공부를 얼마나 할 수 있는지 가늠할 수 있습니다. 학원을 두 군데 가는 날은 한두 과목을 공부하고, 한 곳만 가면 두세 과목을 공부할 수 있습니다. 한 과목당 두 시간 공부하는 게 적당하다고 말했죠. 조금 적다고 느껴지나요? 두세 과목을 두 시간씩 공부하려면 하루에 네 시간에서 여섯 시간이 걸립니다. 학교 수업에 학원까지 다녀와서 남는 시간에 하기에는 만만치 않은 스케줄입니다. 그러므로 무리하게 계획을 짜지 않는 것이 좋습니다. 계획을 느슨하게 짜서 시간이 남아 공부를 더 하는 건 괜찮지만, 무리하게 짜서 계획을 달성하지 못하면 문제가 더 커집니다.

2021. 06

일	월	화	수	목	금	토
		1	2 수학학원	3 영어학원 태권도	4 수학학원	5
6	7 수학학원	8 영어학원 태권도	9 수학학원	10 영어학원 태권도	11 수학학원	12
13	14 수학학원	15 영어학원 태권도	16 수학학원	17	18	19
20	21	22 국어 영어 기술	23 가정 사회 음악	24 수학 물리 도덕	25 화학 생물 지학	26
27	28	29	30			

가장 어려워하는 과목부터 채워 넣기

이제 각 과목을 적당한 날짜에 넣습니다. 먼저 어려운 과목, 즉 가
장 높은 빈도로 공부해야 하는 과목부터 채워 넣습니다. 그 과목은

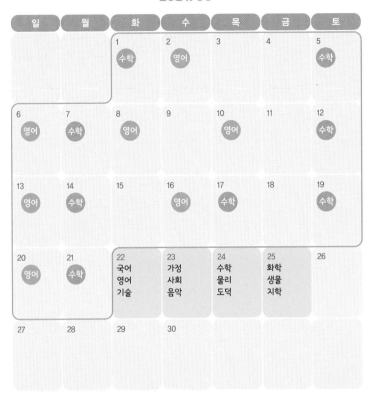

2021. 06

일	월	화	수	목	금	토
		1 수학	2 영어	3	4	5 수학
6 영어	7 수학	8 영어	9	10 영어	11	12 수학
13 영어	14 수학	15	16 영어	17 수학	18	19 수학
20 영어	21 수학	22 국어 영어 기술	23 가정 사회 음악	24 수학 물리 도덕	25 화학 생물 지학	26
27	28	29	30			

학원에 가지 않거나 주말처럼 시간이 많이 나는 날에 공부하는 것
이 좋습니다. 예를 들어 수학이 가장 어려워 8번 공부하고 그다음으
로 영어를 7번 공부할 계획이라면 위와 같이 계획할 수 있습니다.
거의 학원에 가지 않는 날, 휴일 위주로 배치했다는 걸 알 수 있을
거예요. 또한 어려운 과목은 가능한 서로 겹치지 않도록 하는 게 좋

습니다. 이미 알겠지만 어려운 과목 세 개를 같은 날에 공부하면, 금세 지쳐서 제대로 공부하기 어려워집니다. 어려운 과목을 꾹 참고 두 시간 공부했으면, 그다음에는 좋아하는 과목을 한 시간 공부하는 등 완급을 조절하면서 해야 재미도 있고 덜 지칩니다.

이틀 연속으로 같은 과목 넣지 않기

과목을 배치할 때 주의할 점은, 이틀 연속으로 같은 과목을 넣지 않는 것입니다. 전날 공부한 것이 머릿속에 정리되지 않은 상태에서 진도를 나가면 앞 내용과 헷갈리고, 어제 공부한 것에 미련이 남아 자꾸 앞쪽을 펴보게 됩니다. 그러므로 최소한 하루를 걸러 과목을 배치하는 것을 추천합니다. 오른쪽 그림과 같이 나머지 과목을 다 채워봅시다.

매우 빡빡하네요. 학원을 안 가는 날은 네 과목을 공부하고, 마지막 주 수학학원을 가는 날에는 세 과목을 공부해야 하는데, 과연 할 수 있을까요? 그리고 잘 살펴보면 시험 날에 가까울수록 과목 수가 더 많아집니다. 첫째 주는 머리에 시동을 걸면서 슬슬 시험 공부 모드에 들어가는 단계입니다. 둘째 주는 본격적으로 공부하는 시기, 셋째 주는 막판 스퍼트라고 생각하면 됩니다.

2021. 06

일	월	화	수	목	금	토
		1 도덕 수학 화학 생물	2 영어 음악	3 수학 물리	4 국어 화학	5 도덕 수학 지학 생물
6 기술 영어 물리 사회	7 수학 음악 국어 도덕	8 영어 가정	9 국어 지학	10 영어 사회	11 국어 화학	12 기술 수학 물리 생물
13 영어 사회 가정	14 수학 물리 가정	15 국어 지학	16 영어 화학 음악	17 기술 수학 물리 사회	18 가정 국어 생물 기술	19 수학 화학 도덕
20 기술 영어 물리 지학	21	22 국어 영어 기술	23 가정 사회 음악	24 수학 물리 도덕	25 화학 생물 지학	26
27	28	29	30			

하지만 지금으로선 공부 횟수가 너무 많습니다. 실제로 하루에 네 과목을 공부하는 건 만만한 일이 아닙니다. 네 과목이면 하루에 시험 공부만 여덟 시간을 해야 합니다. 상당히 부담되죠. 그럼 횟수를 조금 줄여볼까요?

국어 6 ➡ 6	화학 5 ➡ 5	기술 5 ➡ 5
영어 7 ➡ 6	지학 4 ➡ 4	도덕 4 ➡ 4
수학 8 ➡ 7	생물 4 ➡ 4	가정 4 ➡ 4
물리 6 ➡ 5	사회 4 ➡ 4	음악 3 ➡ 3

현실적으로 실현 가능하게 조절해야 합니다.

영어, 수학, 물리, 기술에서 한 번씩 모두 네 번을 줄였습니다. 이걸로 계획표를 수정해보겠습니다.

오른쪽 그림을 보면 이제야 계획표가 숨을 좀 쉬는 것 같습니다. 이렇게 큰 틀부터 계획을 짜면 실행 가능성이 높아지고, 스스로 시험 공부 기간에 대한 감을 잡을 수 있습니다. 무엇보다 잘 짜인 계획은 불안감을 덜어줍니다.

과목별 공부 범위 표시하기

지금부터가 중요합니다. 각각의 날에 과목별 공부 범위를 정해야 합니다. 예를 들어 국어는 6번 공부해야 하니, 교과서를 펴고 시험 범위를 대충 여섯 개로 나눕니다. 이때 단순히 페이지 수를 6으로 나누지 말고, 단원별로 나누는 것이 좋습니다. 소단원도 좋고 중

2021. 06

일	월	화	수	목	금	토
		1 도덕 수학 화학 생물	2 영어 음악	3 수학 물리	4 국어 화학	5 도덕 수학 지학 생물
6 물리 사회 기술	7 음악 국어 도덕	8 영어 가정	9 국어 지학	10 영어 사회	11 국어 화학	12 수학 기술 생물
13 영어 사회 가정	14 수학 물리 가정	15 국어 지학	16 영어 화학 음악	17 수학 물리 사회	18 가정 국어 생물 기술	19 수학 화학 도덕
20 기술 영어 물리 지학	21	22 국어 영어 기술	23 가정 사회 음악	24 수학 물리 도덕	25 화학 생물 지학	26
27	28	29	30			

단원도 상관없습니다. 단원별로 끊어서 여섯 번을 비슷한 분량으로 공부할 수 있게 범위를 나누면 됩니다. 계획표에도 그날 공부할 단원을 각 과목명 옆에 적어보세요. 더 자세히 단원명과 페이지까지 표시해도 됩니다.

이런 식으로 전 과목 시험 범위를 확인하고 적으면 나중에 시간이 모자라 공부하지 못하고 시험을 본다든지, 이미 공부한 부분을 다시 공부하는 불상사를 막을 수 있습니다. 비효율적인 공부 시간이 크게 줄어들고, 전체 범위를 꼼꼼하게 다 볼 수 있으니 시험 공부의 질이 달라지겠죠.

시험 전날은 비워두기

눈썰미가 있는 사람은 눈치챘겠지만, 시험 전날인 21일은 비워둡니다. 그날은 22일에 시험 볼 과목 전체를 최종 점검하는 날이기 때문입니다. 여력이 있으면 전체를 한 번 훑고, 그렇지 않으면 틀린 문제 위주로 보면 됩니다. 어차피 맞힌 문제는 시험에 나와도 또 맞습니다. 시간이 부족할 때는 그런 부분은 과감히 넘기고, 틀린 문제만 확실히 체크해도 구멍을 메울 수 있습니다.

각 시험 과목의 최종 확인은 그 전날에 합니다. 23일의 세 과목은 22일에 정리하고, 23일에 시험을 본 후에는 24일 시험 과목을 최종 확인합니다. 이런 식으로 하면 시험 당일 오후에도 어영부영 시간을 보내지 않고 효율적으로 쓸 수 있습니다.

물론 시험 전날에는 모든 과목을 최소한 한 번은 다 본 상태이므로 전체적으로 쭉 훑으면 됩니다. 이때도 제 경험상 과목별로 한두 시간 정도가 소요되고, 조금 부족한 과목은 만족할 때까지 더 공부합니다.

시험 전날까지 진도를 못 빼면 새로운 내용을 공부해야 하기 때문에 부담이 커지고, 전체 범위를 다시 확인할 시간이 부족해집니다. 시험 전날에는 반드시 시험 범위 전체를 마스터한 상태가 되어야 합니다. 위의 계획표대로만 한다면 충분히 가능합니다.

시험 당일 오후에는 꽤 많은 시간이 남는데, 긴장하거나 혹은 긴장이 풀려서 공부가 잘 안 될 수 있어요. 이때 새로운 내용을 공부하기에는 무리가 있죠. 그러므로 반드시 시험 범위를 모두 공부한 상태여야 하고, 마지막으로 확인하는 시간으로 활용해야 합니다.

진행 상태를 확인하며 나아간다

자, 계획표는 다 짰고 공부를 열심히 하는 일만 남았습니다. 마지막으로 시험 공부를 하면서 내가 얼마나 잘하고 있는지, 앞으로 얼마나 더 해야 하는지 한눈에 확인할 수 있는 방법을 알려드릴게요. 바로 각 과목의 진행 상태를 막대그래프로 표시하는 방법입니다.

게임을 하면 캐릭터의 능력치가 막대그래프로 표시되고, 능력이 좋아지면서 빈 막대가 점점 차는 것을 본 적이 있을 거예요. 여기에

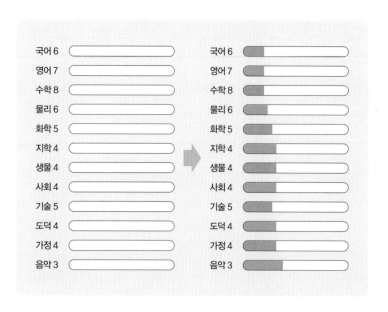

착안해 시험 공부를 얼마나 했는지 과목별로 막대그래프를 그려 표시했습니다. 게임 캐릭터처럼 내 지능 능력치가 점점 차오르는 기분도 들고, 각 과목별로 얼마나 공부했고 또 해야 하는지 한눈에 파악할 수 있습니다. 처음에는 전 과목이 모두 '0'이지만, 시험 공부를 마칠 때가 되면 모든 그래프가 꽉 찹니다.

과목명과 그 과목을 몇 번 공부할지 숫자를 적습니다. 그리고 그 옆에 빈 그래프를 그립니다. 각 과목을 n번 공부해야 한다면, 한 번 공부할 때 마다 n분의 1씩 칠합니다. 예를 들어, 국어를 여섯 번 공부해야 한다면, 한 번 마쳤을 때마다 6분의 1을 색칠하는 것이죠.

시험 날이 가까울수록 전 과목 그래프는 꽉 차겠죠. 그래프만 봐도 뿌듯해지면서 시험도 잘 볼 것 같은 좋은 예감이 듭니다. 현재 과목별 상황을 한눈에 파악할 수 있는 건 물론이고, 이런 식으로 공부하면 재미도 배가됩니다.

시험 계획표 짤 때 반드시 지켜야 할 네 가지

마지막으로 시험 계획을 짜면서 반드시 주의해야 할 점 네 가지를 정리해보겠습니다.

① 반드시 연필로 작성한다
- 공부하다 보면 여러 변수로 인해 계획이 틀어지는 일이 생깁니다. 언제든지 고칠 수 있도록 연필로 작성합니다.
- 달력 포맷은 컴퓨터로 만들어 써도 되지만, 계획은 컴퓨터로 짜면 안 됩니다. 반드시 직접 손으로 씁시다.

② 계획표를 믿고 지키도록 노력한다
- 계획대로 공부하지 못하는 이유 중 하나는 계획표를 못 믿기 때문입니다. 어설프게 계획을 짜면 어차피 공부해도 제대로

될 리가 없다고 생각해 해이해집니다. 지금까지 본 방식으로 꼼꼼하게 계획을 짠다면 믿어도 좋습니다.

• 공부하다 보면 매우 빡빡한 날도 있고 여유로운 날도 생깁니다. 그날그날의 상태에 휘둘리지 말고 계획을 지키도록 노력합시다.

③ 실제 시험 전에 꼭 연습한다

• 실제 시험을 앞두지 않으면 이렇게 철저하게 계획을 짜기 힘듭니다. 하지만 계획표 짜는 연습을 한 번은 해봐야 합니다. 처음이라면 시간이 제법 오래 걸리고, 노하우가 없어 힘들 수 있습니다.

④ 계획표 짜는 데 시간을 너무 많이 쓰지 않는다

• 예쁘고 완벽한 계획표를 만들기 위해 시간을 너무 많이 쓰지 않아야 합니다. 계획표가 예쁘고 깔끔하면 자꾸 보고 싶어지고, 한눈에 들어와 보기 좋다는 장점이 있습니다. 하지만 미리 계획표를 만들 게 아니라면, 시험 공부가 시작된 후부터는 계획표 만드는 데 시간을 낭비하면 안 됩니다. 주객이 전도될 수 있기 때문이죠.

이렇게 치밀하게 계획을 짜면 계획표를 만드는 것 자체가 재미있고, 공부할 때도 '이걸 다 할 수 있을까', '나중에 시간이 부족하면 어쩌지', '더 해야 하나, 덜 해야 하나'라는 불안감이 덜해 효율이 올라갑니다. 또 하루하루 꼼꼼하게 실력을 채워나가는 과정에서 보람을 느끼게 됩니다. 제가 서두에 말한 것처럼 최고의 효율로 가능한 한 적은 시간에 완벽하게 공부하려면 합리적이고 치밀한 계획이 필요합니다.

만약 이것보다 더 좋은 방법이 있다면 그 방법으로 계획을 짜면 됩니다. 또 제가 알려준 계획에 더 좋은 안을 추가해도 좋습니다. 그러다 보면 결국 자기에게 맞는 방법을 찾을 수 있을 거예요. 하지만 큰 그림을 먼저 그리고 작은 것을 채워나가는 방식은 매우 중요합니다. 저 역시 노하우가 생긴 뒤에는 각 과목 범위는 간소하게 표시하고, 상황에 따라 완급 조절을 하면서 시험 준비를 했죠. 잘못된 계획으로 실력 발휘를 하지 못하는 안타까운 일이 더는 없기를 바라며, 다가오는 시험에는 한번 도전해보세요.

2장
·····

시험에서 실력보다
높은 점수를
받는 방법

효율적인 시간 분배가 실수를 줄인다

시험 당일, 실력보다 높은 점수를 받을 수 있는 기본 원칙이 있습니다. 가장 먼저, 시험지를 받으면 매우 빠른 속도로 문제 전체를 처음부터 끝까지 쭉 훑습니다. 지문을 다 읽거나 문제를 바로 풀라는 게 아닙니다. 어떤 문제가 나왔는지 1~2분 내로 파악하고, 대충 어느 정도 난이도로 문제가 나왔구나, 저번 시험보다는 쉽게 또는 어렵게 나왔구나 정도를 감 잡는 것이 중요해요. 시험지를 받자마자 1번부터 풀기 시작하면 뒤에 어떤 문제가 나올지 알 수 없어서 불안해지고 불안하면 자신감이 떨어져요. 그런 상태에서 중간에 모르는 문제라도 나오기 시작하면 당황하고, 시간은 계속 흘러갑니다.

이번 시험에는 어느 정도의 난이도를 가진 문제가 나왔는지 미리 파악하면, 처음부터 무턱대고 풀 때보다 불안감과 두려움을 줄일 수 있습니다. 모르는 문제가 나와도 어느 정도 예상했기 때문에 덜 당황하게 됩니다. 별것 아닌 것처럼 보이지만 마음가짐을 어떻게 갖느냐는 실수와 성적에 큰 영향을 미칩니다.

시험 보기 전에는 만약 졸리더라도 커피나 콜라 등 카페인이 들어간 음료는 마시지 않는 게 좋아요. 카페인의 각성 작용으로 잠은 깰 수 있지만, 깊이 사고하는 걸 방해합니다. 시험지를 받으면 어차피 잠은 저절로 깹니다. 정신이 붕 뜬 상태로 시험 보지 말고, 카페인 대신 찬물 한 잔을 마시기를 추천합니다.

시험 문제를 한 번 쭉 훑었다면, 이제 본격적으로 문제를 푸는 일만 남았습니다. 그런데 혹시 시험을 보다가 시간이 모자라거나 모르는 문제에 시간을 너무 많이 써서 뒤에 나오는 아는 문제를 놓친 경험은 없나요? 시험 볼 때 가장 중요한 요소 중 하나인 시간 배분은 어떻게 해야 할까요?

한 문제당 시간 가늠하기

시험 시작 전, 주어진 시간이 몇 분인지는 모두 알고 있을 거예요.

여기서는 60분이라고 가정할게요. 그중 최종 확인과 마킹, 혹은 마킹을 잘못했을 때 수정을 위한 최소한의 시간 10분을 제외하면 50분이 됩니다. 과목별 시험 시간에 따라 10~15분을 빼면 됩니다.

먼저 시험지를 받으면 문제의 수부터 파악합니다. 문제 전체를 훑으면 자연스럽게 문제 수도 파악됩니다. 그리고 한 문제에 평균적으로 몇 분이 주어지는지 계산합니다. 25문제에 50분이 주어졌다면, 한 문제에 2분을 할애할 수 있습니다. 물론 어려운 문제도 있고 쉬운 문제도 있지만 대략 2분 안에 한 문제를 풀어야 한다는 사실만 파악하면 됩니다.

처음은 빠른 속도로

문제당 주어진 시간을 파악한 후에는 실수하지 않는 범위 안에서 빠른 속도로 문제를 풀기 시작합니다. 초반에는 속도가 중요합니다. 모르는 문제에 시간을 더 쓰려면 아는 문제는 빠르게 풀어내야 합니다.

자, 문제를 풀다가 어려운 문제가 나와서 막혔다면 어떡해야 할까요? 한 문제를 푸는 데 들여도 되는 시간의 절반 이상 걸릴 것 같은 문제는 풀지 않고 바로 넘깁니다. 한 문제에 2분짜리 시험이라면, 문제를 푸는 데 1분이 넘을 것 같으면 일단 넘겨요. 나중에 풉니다. 사실 그런 문제는 딱 봤을 때 풀이 방법이 바로 떠오르지 않는 문제들입니다. 여기서 많은 학생이 불안감을 느끼는데요, 괜찮습니다. 지금 당장은 넘기고 쉬운 문제를 모두 푼 다음 편안한 마음으로 다시 푸는 게 더 좋은 결과를 내죠.

남은 시간은 어려운 문제에 올인하라

그런 식으로 문제를 끝까지 다 풉니다. 한 문제당 보통 1분을 넘기지 않았기 때문에 시간은 25분 이상 남아 있습니다. 그리고 이 25분을 모르는 문제에 올인합니다. 모르는 문제가 일곱 개쯤 있다면, 한 문제에 약 3~4분을 정도씩 쓸 수 있습니다. 이러면 어려운 문제를 맞힐 확률이 상당히 올라갑니다. 게다가 이미 푼 문제들은 거의 맞았다고 생각하기 때문에 조금은 안심한 상태에서 어려운 문제에 집중할 수 있습니다.

모르는 문제 하나당 4분을 생각하고 풀기 시작했는데, 다시 봐도 정말 모르겠는 문제는 어떻게 해야 할까요? 4분 동안 풀 수 있는 문제만 풀고, 그렇지 않은 건 또 넘깁니다. 그렇게 문제를 풀고 나면 제일 어려운 끝판왕 문제 몇 개가 남을 겁니다. 이제 남은 시간을 모두 들여 그 문제를 풉니다.

일단 두 번의 도전에도 실패한 문제들이기 때문에 못 풀 확률이 높습니다. 밑져야 본전이라는 생각으로 마음 편하게 접근합니다. 그나마 그중 가장 쉬워 보이는 문제부터 붙잡고 나머지는 잊으세요. '이 문제 풀까, 저 문제 풀까'를 고민하다가 시간 다 갑니다. 이때는 한 문제에 집중해서 풀어내는 게 이득이에요. 그렇게 문제를 모두 풀고 마킹과 확인을 위해 남겨놓은 10분 전이 되면 더 이상 문제를 붙잡고 있지 말고 무조건 정지합니다.

10분 전에는 무조건 마킹을 시작하라

풀지 못한 어려운 문제는 미련을 버리고, 이제부터는 시험지 확인과 빠른 검산에 들어갑니다. 어려운 문제도 3점이고, 쉬운 문제도 3점입니다. 이미 풀어놓은 확실한 문제들로 점수를 확보하고, 마지막 5분에 최후의 문제들에 승부를 걸면 되므로 일단 확인과 마킹을 시작합니다. 쉬운 문제라도 실수할 수 있으니 하나하나 확인하면서 넘어갑니다. 여기서 팁을 드리면 수학이나 과학은 이미 푼 문제를 똑같은 방법으로 다시 풀지 말고, 나온 답을 거꾸로 문제에 대입해 확인하면 좋습니다. 시간이 허락한다면 두 번 확인하는 것도 좋죠.

저는 첫 번째 확인할 때 확실한 문제에는 동그라미를 쳤고, 조금 애매한 문제에는 세모를 표시했습니다. 두 번째 확인할 때는 세모 표시한 문제들만 다시 봤습니다. 경험상 시간 분배에 꽤 좋은 방법 이지만, 대부분의 문제를 다 풀 수 있었던 난이도의 시험에 사용할 수 있는 방법입니다.

이렇게 처음부터 끝까지 확인하면 마킹에 들어갑니다. 여기서 문제를 하나 확인하고 마킹하고, 또 하나 확인하고 마킹하면 실수가 생길 수 있습니다. 처음부터 끝까지 검토한 다음 다시 처음으로 돌아와 마킹 역시 처음부터 쭉 한 번에 해나갑니다. 밀려 쓰지는 않았는지, 못 푼 문제에 마킹한 건 아닌지 다섯 문제에 한 번씩 확인하면서 마킹합니다. 5번, 10번, 15번, 20번 문제에서는 제대로 마킹하고 있는지 한 번씩 꼭 확인해야 합니다.

마지막 5분에 3점이 달렸다

이렇게 확인과 마킹을 끝내면 4~5분 정도 시간이 남을 수 있습니다. 이 시간은 못 푼 문제에 올인합니다. 나머지 문제는 모두 잊으세요. 많은 학생이 시험 시간 초반에는 열심히 풀다가 모르는 문제가 한두 개씩 나오면 마음이 흔들리면서, 마지막 5분이 남았을 땐

혼란 또는 포기 상태에 빠집니다. '으아, 5분 남았다. 이것도 못 풀고 저것도 못 풀었는데 큰일 났다' 하면서요. 그러고는 시험이 끝나지도 않았는데 자포자기하고 종이 치기를 기다립니다.

현재 자신의 실력보다 더 좋은 성적을 받고 싶다면 마지막 5분을 꼭 챙겨야 합니다. 그때 폭발적인 힘이 솟아나거든요. 포기해도 어차피 틀릴 문제이니 부담 갖지 말고, 서두르지 말고 종료 종이 칠 때까지 물고 늘어집니다. 다른 문제들은 이미 확인에 마킹까지 다 해놨으니, 안심하고 눈앞의 문제에만 집중하면 됩니다. 여기서 한 문제, 3점이 왔다 갔다 합니다. 이 마지막 5분을 끝까지 포기하지 않는다면, 과목당 한 문제씩 평균 3점을 올릴 수 있죠. 그러니 수단과 방법을 가리지 말고 풀어보세요.

저는 수학 문제를 풀다가 시험지를 찢어서 직접 도형을 만들어 문제를 푼 적도 있습니다. '이 배열 함수에서 100번째에는 어떤 수가 나올까요?' 같은 문제 있잖아요. 답이 너무 안 나와서 실제로 남은 시간에 100번 적으면서 맞춘 적도 있어요. 이렇게 마지막까지 남은 문제는 내가 아는 방법과 지식을 총동원해서 풀어야 합니다.

그렇게 끝까지 시간을 다 쓰고도 결국 못 푼 문제는 찍어야겠죠. 100퍼센트 확실하진 않지만 왠지 맞을 것 같은 답을 마킹하면 됩니다. 또 처음에는 2번이 정답인 것 같았는데, 다시 보니 3번이 맞을 것 같다면 제 경험상 처음에 생각한 게 정답일 경우가 더 많습니다.

이렇게 모르는 문제는 찍고 홀가분하게 답안지를 제출합니다.

마음가짐도 미리 관리하자

이제 쉬는 시간이군요. 쉬는 시간에는 지난 시험 과목의 답을 맞춰보지 말고, 다음 과목을 준비해야 합니다. 답을 확인하는 데 시간을 낭비할 필요가 없는데다, 맞았든 틀렸든 그 다음 시험에 심적으로 영향을 미치게 됩니다. 10분 동안 초월적인 능력을 발휘해 하나라도 더 외우는 게 시험 성적을 올리는 방법입니다. 시험 문제의 답은 그날 모든 시험이 끝난 다음에 맞춰보면 됩니다.

지금까지 이야기한 시험 보는 방법은 어느 정도 숙달되기 전까지는 오히려 시간을 더 잡아먹을 수 있어요. 그러므로 성적에 반영되지 않는 모의고사나 개인적으로 문제집 모의고사를 풀 때 연습해보세요. 실전에서 시간이 부족해 당황하는 일을 방지할 수 있습니다. 아, 이 모든 건 시험 공부가 잘 되어 있다는 전제하에 가능합니다.

하지만 시험을 대하는 올바른 마음가짐과 효과적인 기술을 쌓으면 내 실력만큼, 아니 그보다 더 좋은 성적을 받을 수 있으니 꼭 연습해보기 바랍니다.

왜 공부는
10대에
해야 하는가

오랜 시간 달려왔습니다. 마지막까지 긴 글을 함께 읽어줘서 고맙습니다. 교과서 읽는 데도 벅찰 시간에 공부에 관련된 책까지 찾아서 끝까지 읽는 게 쉬운 일은 아닙니다. 그러니 스스로 충분히 자랑스럽게 여겨도 됩니다. 책을 마무리하면서 그동안 정말 많은 학생이 의문을 가졌던 질문에 대해 이야기해볼까 합니다. 바로 '공부는 왜 10대에 해야 하나요?'입니다.

밖에 나가 놀고 싶고, 이런저런 하고 싶은 일도 많은 혈기왕성한 10대에 왜 공부해야 하는지 이유를 모르는 친구가 많습니다. TV나 인터넷을 보면 어른이 된 후에 대학에 들어가고, 검정고시 보는 사람도 많은데, 왜 하필 지금 공부해야 하는지 모르겠다고 직접 말하거나 들어봤을 거예요. 답은 의외로 간단합니다. 10대인 여러분이 어른보다 공부를 더 잘하기 때문입니다.

이제 40대를 바라보는 제가 어릴 때부터 지금까지 공부해온 것들을 돌아보니, 공부는 확실히 어렸을 때 하는 게 더 효율적입니다. 왜 그러한지 지식 습득의 원리와 제 경험을 바탕으로 이야기해볼게요. 조금 어려울 수도 있는데 한번 읽어보면 도움이 될 겁니다.

공부란 새로운 것을 배우고 익히는 과정이라고 했습니다. 그럼 우리는 새로운 것에 직면했을 때, 어떤 생각들을 하면서 배우게 될까요? 아마 다음과 같은 생각이 떠오를 겁니다.

첫째 이게 대체 뭐지? (정의)

둘째 내가 알던 비슷한 것들은 뭐가 있지? (유추)

셋째 어디에 쓰기 위한 것일까? (적용)

넷째 어떤 부류에 해당될까? (분류)

공부하다가 새로운 단어나 개념이 나오면 위와 같은 생각들이 머릿속을 스쳐지나갑니다. 먼저 그 단어의 정의를 찾아보고, 기존에 알던 비슷한 것들을 통해 의미를 유추해본 후, 어디에 활용 및 적용할 수 있는지 대입해보는 과정을 통해 적절한 생각 주머니에 저장합니다. 나중에 비슷한 무언가를 보면 다시 이 주머니에서 지식 공을 찾아 꺼내볼 겁니다.

물론 개인차는 있겠지만 보통 무언가를 습득할 때 위와 같은 방식으로 이해하고, 분류하고, 저장합니다. 그런데 방금 이야기한 과정에서 10대 때만 특별히 더 잘하는 과정이 있는데, 어떤 걸까요? 바로 두 번째 유추입니다. 더 자세하게는 '내가 알던 비슷한 것이 무엇이고, 이것을 바탕으로 어떻게 이해하면 좋을까?'의 과정입니다. 유추의 장점은 빠르게 이해할 수 있다는 점이지만 반대로는 선입견이 될 수 있습니다. '이거 내가 생각하는 그거랑 비슷한 거네', '이거 나 예전에 본 적 있는데 그런 거네'라고 하면서 새로운 지식을 제대로 습득하지 않게 되는 거죠.

어릴 때는 이런 선입견 없이 지식을 있는 그대로 습득하고 나이가 들수록 이런 선입견이 강해져 순수한 지식 습득이 어려워집니다. 그래서 10대인 여러분이 어른들보다 공부를 더 잘할 수 있는 거예요.

우리가 아주 어린아이가 되었다고 상상해봅시다. 아직 머릿속에 거의 지식과 정보가 없는 상태여서 만약 이때 사과를 처음 본다면, 눈이 휘둥그레지겠죠. '이게 뭐지? 매끈매끈하고 달달한 냄새가 나고, 색은 불그스름하면서 푸르스름하네'라고 생각할 겁니다. 그리고 손으로 툭툭 쳐보고, 바닥에 던져보고, 소리가 나는지 흔들어보면서 무엇인지 알아내려고 합니다. 그렇게 몇 번을 탐구하면 '아, 이건 입에 넣어도 되겠다'라는 생각이 들면서 사과에 대한 개념을 서서히 잡아갑니다. 다른 생각이 끼어들지 않고, 순수하게 사과 자체에 대한 정보를 습득하고 개념을 잡고 이해합니다.

반대로 어른이 되었다고 가정해볼게요. 사과를 처음 봤다면 일단 배와 비슷하게 생겼고, 크기는 조금 작은 걸 보니 과일류인 것 같다는 생각이 듭니다. 만져보니 망고보다 단단합니다. 껍질을 벗겨 먹어야 할 텐데 귤처럼 손으로 벗기지는 못할 것 같습니다. 감과 비슷한 맛이지 않을까 생각하고 껍질을 벗겨 먹어보니, 감보다는 시고 파인애플보다는 답니다. 감과 파인애플 사이의 당도에 배와 비슷하게 생긴 '단단한 과일', '온대 과일'이라고 판단합니다.

이렇게 아이와 어른의 습득 방법은 매우 다릅니다. 아이는 사과라는 것을 순수한 관점에서 바라보고 다양하게 탐구합니다. 두루뭉술하게 시작해서 명확하게 개념을 잡아가죠. 반면, 어른은 풍부한 지식을 활용해 이미 머릿속에 있는 지식에 사과를 대입하면서 이해합니다. 이 책을 읽는 학생 여러분은 어른들보다 순수한 관점에서 지식을 습득하기 때문에 전자에 더 가깝습니다.

여러분이 어떤 말이나 의견을 전하면 "아니야. 네가 몰라서 그러는데, 그건 아니야"라고 말하는 어른들이 꽤 있을 겁니다. 물론 내가 잘 모르는 것일 수도 있지만 상대가 무조건 고집을 부리면 '아, 말이 안 통해'라는 생각이 듭니다.

시간이 지나면서 습득하는 지식도 늘고 머릿속 생각 주머니도 늘어납니다. 새로운 정보 중 내 머릿속 생각 주머니에 쉽게 적용되는 것만 기억하고, 처음 보는 생소한 것들은 무시하는 일이 반복되면 주머니가 딱딱하게 굳는데, 이를 '머리가 굳었다', '틀이 너무 강하다', '고집이 세다'라고 표현합니다. 이 고집이 생기는 순간, 지식의 습득은 멈춥니다. 지식을 늘릴 생각은 하지 않고 자기 틀 안에 맞춰 넣으려고만 하기 때문에 점점 새로운 것을 거부합니다.

혹시 여러분도 그런 생각을 하고 있을지 모릅니다. 나보다 어린 동생이 어떤 말을 하면 "야, 그건 네가 몰라서 그래. 그거 아니야. 이건 이렇게 해야 돼"라고 말하지는 않나요? 이렇게 나이가 들수록 자기가 아는 것을 기준으로 새로운 것을 판단하기 때문에 배움과 익힘의 공부가 점점 어려워질 수 있습니다.

제 경험상 10대까지는 지식의 체계화가 완벽하지 않아 나만의 관점을 확고히 하기 어렵고, 개인차는 있지만 20대까지도 완벽히 성숙하기 어렵습니다. 그래서 내 관점과 생각이 굳어지기 전에 뭐든지 순수하게 받아들이는 지금 공부하는 것이 지식의 습득과 확장 면에서 어른보다 훨씬 유리합니다. 같은 시간, 같은 내용을 공부하면 아마 여러분이 어지간한 어른들보다 더 많은 걸 배우고 이해할 걸요?

게다가 10대에 고집을 경계하고, 뇌를 말랑말랑하게 유지하면 사고방식과 체계가 깊고 풍부해져 나중에 어른이 되었을 때 다른 사람들보다 이해의 폭이 넓고 습득의 속도가 빨라집니다. 똑같이 하루를 살아도 몇 배나 효율적으로 습득을 지속하면서 사는 겁니다. '하나를 보면 열을 안다'라는 말이 바로 이런 의미입니다.

마지막으로 개인적인 경험을 하나 덧붙이면, 제 석사 과정 담당이었던 서울대 건축학과 김광현 교수님께서는 "나이가 들면 오히려 공부해야 할 것들이 늘어난다. 알아야 하는 스펙트럼도 넓어지고. 바빠서 시간을 내기 어려운 게 아쉽지"라고 말씀하셨습니다. 또 "내가 40대에 쓴 글을 다시 보면 틀린 게 있어. 세상이 바뀌고 내 생각도 바뀌는 거지"라고 말씀하시면서 고집부리지 않는 유연한 사고방식을 강조하셨습니다. 그 말씀에 공부에 대한 배움과 깨달음을 많이 얻을 수 있었죠.

새로운 지식을 마주할 때 순수하고 호기심 넘치는 아이가 되는 것은 매우 효과적인 방법입니다. 10대는 어른들의 딱딱한 두뇌보다 훨씬 말랑말랑하게 사고하면서도 뇌가 충분히 성숙해 있기 때문에 공부하기에는 더없이 좋은 시기입니다.

"왜 10대에 공부해야 하나요?"라는 질문에 충분한 답이 되었는지 모르겠습니다. 한 마디로 말하면 어른보다 10대인 여러분이 공부를 더 잘하기 때문입니다.

저는 학창 시절에 우리나라 제도권 교육에 많은 시간을 할애했고, 그때부터 지금까지 공부와 교육에 대해 다양하게 고민하고 생각해왔습니다. 세상에 없던 직업인 '창의 기업 컨설팅'을 경험했고, 아무도 가지 않는 아프리카 마다가스카르에서 부동산 사업도 했으며, 벤처 스타트업 시장 연구와 확장을 위해 미국에서 지냈던 경험도 있죠. 현재는 한국에서 IT 기업을 운영하며 교육 사업도 진행하고 있습니다. 지금 글을 쓰면서도 공부와 교육, 사고방식과 원리에 대한 흥미와 고민이 멈추지 않습니다. 이렇게 생각하고 글을 쓰는건 제게 매우 즐거운 일이고 또 잘할 수 있는 일이며, 세상에 가치를 만들어내는 일이라고 생각합니다.

제가 이 책 초반에 공부의 목적은 '내가 무엇을 좋아하는지 발견하고, 좋아하는 것을 계속할 수 있는 실력을 갖춰 평생 즐겁고 신나게 살기 위한 것'이라고 이야기한 것을 기억하시나요? 제가 좋아하는 건 이렇게 책을 쓰고, 비슷한 고민으로 고생하는 학생 여러분께 도움을 주는 일이에요. 이 책을 쓰면서 저는 정말 즐겁고 신났습니다.

더 구체적인 도움이 필요한 분들을 위해 개발한 프로그램도 알려드립니다. 참고가 되었으면 좋겠어요. 나와 부모님은 어떤 사람이고 어떤 특징을 가지고 있는지 분석해주는 프로그램이에요. 5년 간 많은 학생 여러분과 부모님들의 이야기를 들으며 이를 반영해 개발했으니, 여러분과 부모님이 서로를 이해하는 데 도움이 되길 바랍니다. 자세한 내용은 공부자존감(Personalitytest.co.kr)에서 확인할 수 있습니다.

공부는 나를 찾고, 나를 빛나게 만드는 과정입니다. 스스로 어떤 적성과 능력을 지니고 있는지 발견하고, 이것을 갈고닦아 세상에 내놓는 가슴 뛰는 과정이에요. 20년 후 마주하게 될 새로운 세상에서 빛을 내며 자신 있게 미래를 만들어나가길 진심으로 바랍니다. 여러분이 바로 미래입니다.

마지막으로, 이 책을 쓸 수 있도록 제 삶과 능력을 만들어주신 부모님과 조부모님 그리고 지금까지 제게 가르침을 주신 모든 선생님과 인연들에게 더없는 감사를 드립니다.

서울대 수석은
이렇게 공부합니다

초판 1쇄 발행 2016년 11월 30일
개정판 1쇄 인쇄 2021년 4월 19일
개정판 4쇄 발행 2021년 8월 10일

지은이 김태훈
펴낸이 김선식

경영총괄 김은영
책임편집 권예경 **크로스교정** 김단비 **책임마케터** 유영은
콘텐츠사업7팀장 이여홍 **콘텐츠사업7팀** 김단비, 권예경
마케팅본부장 이주화 **마케팅3팀** 이미진, 박태준, 유영은
미디어홍보본부장 정명찬 **홍보팀** 안지혜, 김재선, 이소영, 김은지, 박재연, 오수미, 이예주
뉴미디어팀 김선욱, 허지호, 염아라, 김혜원, 이수인, 임유나, 배한진, 석찬미
저작권팀 한승빈, 김재원
경영관리본부 허대우, 하미선, 박상민, 권송이, 김민아, 윤이경, 이소희, 이우철, 김재경, 최완규, 이지우, 김혜진
외주스태프 표지디자인 최우영 본문디자인 김누

펴낸곳 다산북스 **출판등록** 2005년 12월 23일 제313-2005-00277호
주소 경기도 파주시 회동길 490, 다산북스 파주사옥
전화 02-704-1724
팩스 02-703-2219 **이메일** dasanbooks@dasanbooks.com
홈페이지 www.dasanbooks.com **블로그** blog.naver.com/dasan_books
출력·인쇄 한영문화사

ISBN 979-11-306-3715-0 (13370)

다산북스(DASANBOOKS)는 독자 여러분의 책에 관한 아이디어와 원고 투고를 기쁜 마음으로 기다리고 있습니다.
책 출간을 원하는 아이디어가 있으신 분은 다산북스 홈페이지 '원고투고'란으로 간단한 개요와 취지, 연락처 등을 보내주세요.
머뭇거리지 말고 문을 두드리세요.